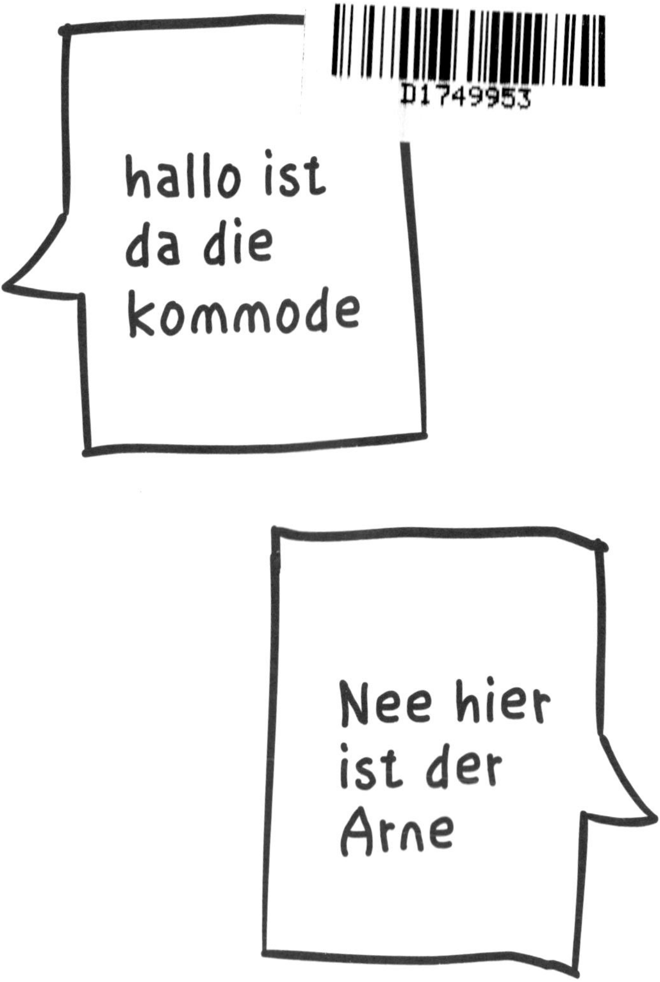
hallo ist da die kommode
Nee hier ist der Arne

seltmann

„Wer etwas verkaufen will,
muss die Sprache beherrschen.
Aber wer etwas kaufen will,
den versteht jedermann."

– Gabriel Garcia Márquez

Für 300 Euro würde ich den Tisch am
Sonntag abholen

Fr. 23.09.22

Verhandeln können wir gerne vor Ort! Um welche Uhrzeit würden Sie denn am Liebsten kommen?

Fr. 23.09.22

Kann mich nach dir richten, hab den
ganzen Tag Zeit

Fr. 23.09.22

Gerne am Nachmittag gegen 15 Uhr

Fr. 23.09.22

Der Tisch wurde heute Nachmittag zum vollen Preis verkauft und ist somit leider nicht mehr verfügbar
Trotzdem Danke und ein schönes Wochenende noch!

Gestern 00:07

Ich wünsche dir ein Jahr schlechten Sex!

Heute 09:57

01. Januar

Hi hab interesse
Lg

23:55, 11.11.2022

Hi Paula,

Das freut mich. Versand oder Abholung?

Lg

00:32

Wo wohnst du genau

00:33

In Aachen Brand an der Schwimmhalle ;-)

00:34

Str?

Weiß leider nichts in Brand

Kenne nur bis Gesundheitsamt rote erde

Kann man sich da treffen? Bei kodi

00:36

Und

Ist der Polizei gemeldet du dreckige

09:38

02. Januar

Hallo,
Sitzt man gut drauf oder „sackt man ein?

Liebe Grüße

So. 16.10.22

Ja sehr gut man sackt nicht mehr in

Ein „

Mi. 19.10.22

Kenn aber dies Sofas

Normal sackt man da gut ein

Do. 20.10.22

Ok

Do. 20.10.22

Ja was jetzt????

Habe drei Bandscheibenvorfälle

Do. 20.10.22

Was kann ich dafür

Do. 20.10.22

Nix , einfach die Wahrheit sagen, dass man einsackt!!!!!

03. Januar

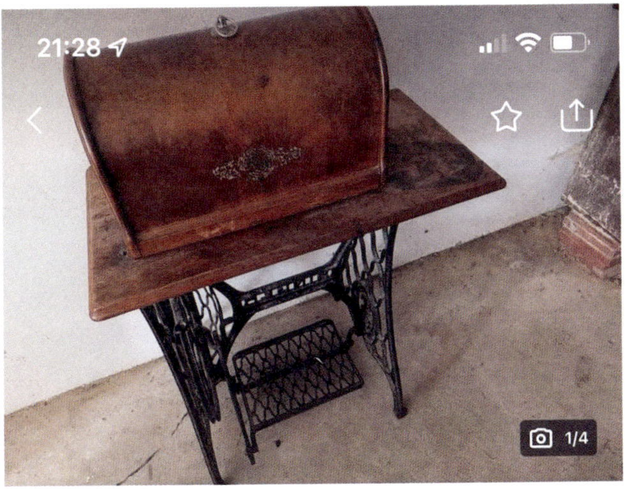

Alte tritt Nähmaschine

105 € VB Nur Abholung

04. Januar

Hallo, wie geht es dir? Ich biete Ihnen meine Dienstleistungen rund um die Pflege Ihres Haustieres an.

14:02

Hallo, was hast du denn für Erfahrungen mit Hunden und Katzen?

15:40

Hallo, Ich habe 3 Jahre Erfahrung als Gehhilfe, Pflegekraft, Ernährungsmanagement, Badeanzug, Nagelschneider, Massage und Haarschnitt.

05. Januar

Ey Manu du alter Hund...600 un 5 Essenmarken! Deal??? Saugeil! Bist ne Wucht! Schrupp dir au als kleines Dankeschön nochmal iwan die Klötze unter der Dusche 👏🥚🥚

18:55

Hallo! Ich glaub du verwechselst mich 😅

18:57

06. Januar

guten Tag! Darf ich Sie bitten, Fotos zu schicken?

Di. 13.09.22

Hallo

Habe für Freitag was abgemacht mit einem anderen Interessenten. Falls dieser sich nicht mehr meldet, sag ich ihnen Bescheid.

Di. 13.09.22

Hallo! backofen ist verkauft?

Heute 13:23

Hallo ja

Heute 17:44

wann ich pinkeln kann

Heute 18:01

Wie bitte?

Heute 18:12

Sorry

Heute 18:14

07. Januar

Hallo ich geben 2000 Euro Schwanz
auf die Hand

19:10

Moin, einen Schwanz auf der Hand
brauche ich nicht. Unter 3000€ bleibt
der Anhänger bei mir

19:17

Ich bezahlen schwanz ohne Rechnung
bar auf Hand 2000 Euro morgen
abholen

20:49

Nein danke, einen Schwanz habe ich
schon. Den Anhänger gibt es nur für
3000€

21:04

08. Januar

Hallo,
für 25€ würde ich den Hocker kaufen.
Liebe Grüße
Daniela

21:54, 30.01.2022

Nein

17:22

Ok. Wie viel möchtest du denn? Da steht 30€ VB

20:15

Ich kann an keine Daniela verkaufen

20:18

Oh, wieso das denn?

20:20

Sorry geht leider nicht. Anderer Name dann gern

09. Januar

Bissigen kleinen Scheißer gefunden (Vogel)

63526 Erlensee

Art Gefunden

Dieser blaue kleine Scheißer wurde in der Dammstraße in Erlensee gefunden. Er hat mich sehr oft gebissen und ich erwarte mindestens mal, dass ich ihn 1x zurück beißen darf.

10. Januar

Wie viel ist the price nur tisch?

Heute 21:42

Nur Tisch auch 620€, weil die Stühle brauche ich nicht

Oder sie nennen mir ein Preis

Heute 21:45

No I don't need the chair also?

Heute 21:54

Say me ein Preis Tor the Tisch

For the Tisch

Heute 22:00

You say any preis Frist?

Heute 22:54

No you say the Preis what you given for the Tisch

Heute 23:03

11. Januar

Zertrümmerter Scheisse schrank

1 € Nur Abholung

59077 Hamm >

Vor 4 Tagen 212

Art Schränke

Hallo, verkaufe diesen Schrank da ihm schon einige Knochen gebrochen wurden.
Jetzt holt mal gefälligst jemand diese scheiß Teil aus meinem Haus das Ding ist verflucht immer wenn ich schlafen will denke ich da hält sich jemand drin auf.

Gegebenenfalls gibt es auch noch ein Stück Kuchen dazu.

Mit unfreundlichen Grüßen

12. Januar

Moin Moin

Wäre der Stuhl noch zu haben und ist dieser soweit intakt.

Gruß Sven

Heute 17:55

Was ist intakt

Heute 17:56

Du Pfosten wann wo wie OK sag ich bringe Stuhl und schmeiß in deine fresse

Heute 17:57

13. Januar

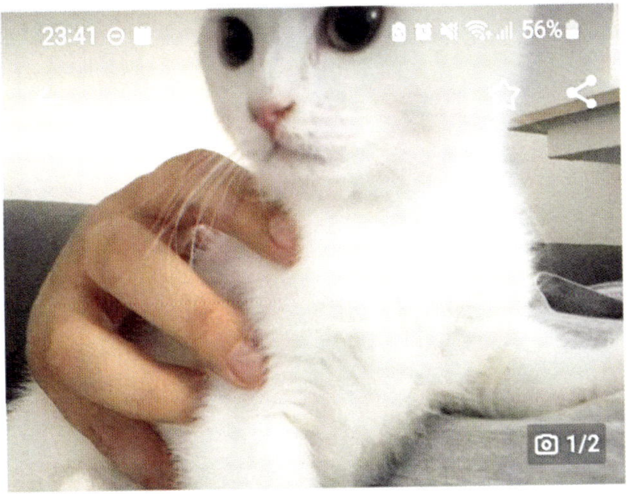

Kritisch kurzhaar

550 € VB

14. Januar

Noch da

Heute 03:36

Ja

Heute 03:36

Rufen sie

Heute 03:42

AAAAAH!

Heute 04:02

Jetz rufen.

Heute 11:40

AAAAAAAAAAH?

Heute 13:19

15. Januar

Bitte mit Versand ich bezahle auch mit PayPal

Heute 09:26

Tut mir leid, ich habe kein Paypal

Heute 09:44

Ich gehe jetzt kacken und wenn ich damit fertig bin haben sie sich ein PayPal Konto angelegt klar😒😒😒

Heute 12:49

16. Januar

hallo ist da die Kommode

Heute 21:37

Ne hier ist der Arne

Heute 22:17

17. Januar

Senden Sie mir bitte dann noch Bilder

21:41

Ich hab keine da. Und das dauert leider paar Tage bis ich welche machen kann. Ich arbeite das Wochenende

21:43

Wenn du malen kannst, schick es mir

21:45

Ich werde sie dir malen und ein Foto davon schicken

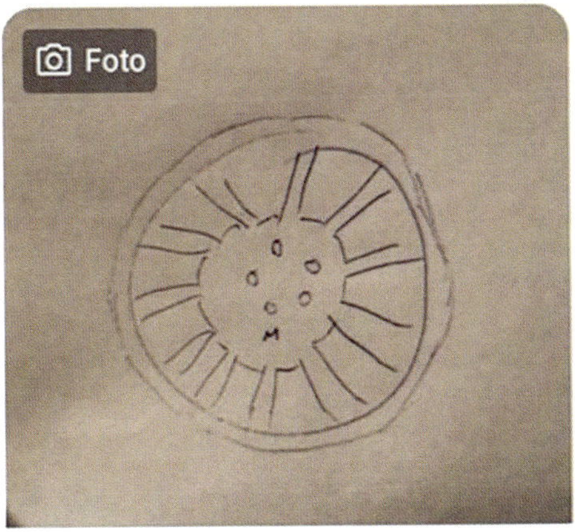

18. Januar

Hi Falk!

Ich muss gegen Nachmittag zu einem bekannten im Remstal, ich werde dir später Fotos senden. Falls du die Felgen haben magst, kann ich sie dir bis dahin mitbringen

Am besten schickst du mir Mal eine WhatsApp :)

LG Dennis

05:36

Guten Morgen Dennis,
Deine Idee ist super, so könnte man sich an einer Ausfahrt X an der A6 oder A81 kurz treffen und umladen.

Deine Nachricht von heute früh hat nun leider meine Frau mitbekommen und nun ist Stress daheim 🙈
Des Friedens zu Hause wegen wäre es daher besser, im Moment keine Felgen zu kaufen und ggf auf einen späteren Zeitpunkt zu verschieben.
Ich hoffe auf dein Verständnis.
VG, Falk

07:27

19. Januar

Eine Viertelstunde erreichen wir die Adresse

Heute 20:33

Okay alles klar sind sie zu zweit ?

Heute 20:34

Nicht nur der Fahrer

1

Heute 20:35

Wegen tragen vom Fernseher

Heute 20:36

Ok

Heute 20:37

Wieviele Leute sind sie ?

Heute 20:40

Ich weiß es ehrlich gesagt nicht

Heute 20:42

20. Januar

Hallo.. Wohnung noch zu mieten?

Heute, 19:49

Tut mir Leid. Die Wohnung ist jetzt schon vergeben.
Mfg

Heute, 19:55

Das daf nicht wasai

Heute, 20:01

21. Januar

Hallo Mario,

hab grad deine Anzeige der FritzBox gesehen, ist die Box noch zu haben? Ich hätte noch eine Frage zu den Fast-Ethernet-Schnittstellen?
Was heißt fast? Kann man da jetzt ein Ethernet anschließen oder nicht.
Fast heißt für mich eben nur fast?
Danke und VG,
[redacted]

Heute 22:13

22. Januar

Guten Tag, ich habe nun die sendungsnummer verfolgt und dabei ist mir aufgefallen dass sie vergessen haben die Hausnummer auf dem paketschein zu schrieben. Habe es online nochmal als Bemerkung bei der dpd angegeben.. hoffe es findet seinen Weg.

Mi. 05.10.22

Entschuldigen sie Herr

Sie sind ein sehr netter Käufer

Ich liebe sie

Mi. 05.10.22

Achso.

Mi. 05.10.22

Wie gehts ihnen

Mi. 05.10.22

Plane ist angekommen, vielen Dank.

Do. 06.10.22

War ich ein guter Verkäufer ?

Gestern 16:15

Es reicht jetzt.

Heute 14:27

23. Januar

Würde ich die schuhe bekommen wenn ich ein video auf tiktok mache das du echt gute Sachen auf eBay verkaufst und auch originale Sachen (ich habe 200.000 follower) mein benutzername ist [redacted]

Heute 17:24

HAHAHHAHAHAHHAHA

24. Januar

Verkaufe das Ölgemälde
"Stromrechnung"

1.000 €

25. Januar

Wieso verkaufst du einen Golfball?

Heute 02:09

Weil die Leute jeden scheiss kaufen

Heute 02:09

Ich feier dich 😂

Heute 02:14

Ich mich auch ;)

Heute 02:14

Das jz aber arrogant

Heute 02:14

Verkaufe seit 2 Jahren scheisse die ich im Müll finde und bezahle so meine Rechnungen ...

Heute 02:14

Die Gesellschaft ist arrogant

Heute 02:15

Die Idee finde ich gut 😂

Heute 02:15

26. Januar

Nachrichten **Severus Snape** •••

IPhone 7 32 GB roségold 1,5 Jahre alt

Hallo junger Mann
Ist das Handy auch mit 33 Gb Speicher zuhaben?

Mit freundlichen Grüßen

SS Te[redacted]

Heute 21:12

Bitte entschuldige, da kann ich Dir leider nicht weiterhelfen. Aber frag doch mal Harry, der hat bestimmt einen passenden Zauberspruch auf Lager, um Dir das eine GB noch drauf zu zaubern.
Liebe Grüße
Hermine

Heute 21:54

SS Schluck Schnecken 😡

Heute 21:56

27. Januar

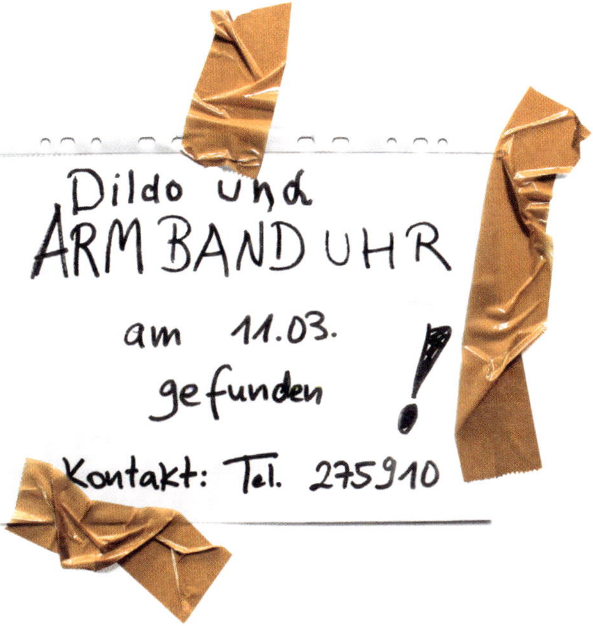
Dildo und
ARMBANDUHR
am 11.03.
gefunden!
Kontakt: Tel. 275910

Biete 40€
Liebe Grüße:)

Heute, 10:28

Guten Morgen, 40 ist mir noch etwas zu wenig.

Liebe Grüße

Heute, 10:48

Ich gebe noch eine kleine Schokolade dazu :)

Heute, 10:49

ich hab Diabetes 😐

Heute, 10:49

28. Januar

Tauschen sie?

Heute 18:13

gegen?

Heute 18:26

Airpods

Heute 18:26

warum sollte ich AirPods gegen AirPods tauschen?

Heute 18:27

Wollte neuere

Heute 18:28

Weiß selber nicht haha

29. Januar

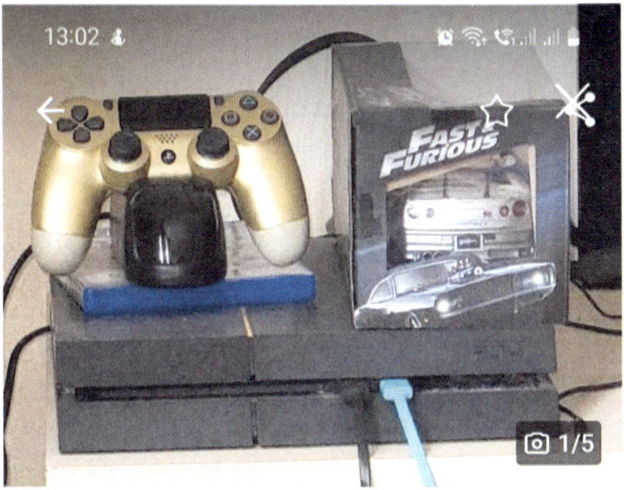

PlayStation 4 Kondome

250 € VB Versand möglich

30. Januar

Hallo,
Haben sie handwerkliche Kenntnisse?

Heute 17:08

Geht Sie einen scheiss dreck an

Heute 17:28

31. Januar

Hallo, wäre eine Bezahlung mir Paypal Käuferschutz möglich?

Heute 17:34

Guten Abend, nein - ist mir zu unsicher.
Ausschließlich Zahlung über das System hier.
Bei Interesse stelle ich die Anzeige entsprechend um auf Sofortkauf.
Freundliche Grüße
Lenz

Heute 21:44

heißt du Patrik

Heute 21:46

Nein

Heute 21:46

Okay

Heute 21:47

Noch Interesse oder nicht mehr weil ich nicht Patrick heiße 😀

Heute 21:51

Ich hätte das lieber von Patrik gekauft

Heute 21:51

Na dann 🤷‍♀️

Heute 21:52

01. Februar

Sorry für den Kern Schrott den Preis da kriege ich neue Generatoren mit Garantie träum einfach weiter du Kasper

Heute 02:21

Bist du nicht ganz dicht? Belästige jemand anderen

Heute 02:22

Ja das bestätigt das Problem dass du einen an der Waffel hast du Kasper leck mich!!

Heute 02:39

Da Kasper wohl dein bevorzugtes Schimpfwort ist, ist der intellektuelle Anspruch wohl so gering, das kann man Menschen deines Schlages dann auch nicht übel nehmen. Vielleicht einfach noch mal den Abendkurs in der Baumschule wiederholen.

Heute 02:43

Okay du pauschaldep ich habe mehrere Ausbildung wie Du garantiert aber mit solchen Leuten brauche ich nicht auseinandersetzen weil Assis gehören nicht zu meinem kundenkreis und bekanntenkreis okay alles klar!!!

Heute 02:49

Ja natürlich, du machst auch einen total gebildeten Eindruck.🤣🤣🤣

Heute 07:55

02. Februar

5 Pokemon-Karten

1.000 € Versand möglich

31061 Alfeld (Leine) >

vor 2 Tagen 62

Art Sammelkartenspiele

Hi, mein Sohn möchte, dass ich diese Karten für diese Unsumme einstelle. Ich mache dies, damit er mir nicht mehr in den Ohren liegt. Die Karten sind das natürlich niemals Wert und ich glaube die Rainbow-Karte ist nicht mal echt. Tut mir Leid, wenn ich deine/eure Zeit verschwendet habe.

Viele Grüße

03. Februar

Hallo kann ich die Kopfhörer bitte morgen abholen.

Heute 20:14

Hallo! Entschuldigung, jemand anderes war schneller…

Heute 20:22

Schade ich würde ihn 3 Tüten Gummibärchen und 2 große Milka Schokolade

Heute 20:45

Das ist lieb, aber die Kopfhörer sind weg

Heute 20:49

Na sagen sie mal sind sie komplett behindert Amk zick zag

Heute 20:51

04. Februar

Habe Interesse aber was ist das

Gestern 18:07

Hallo,habe die Frage nicht verstanden.Sie können mich auch anrufen

Heute 15:04

Ich würde es gerne kaufen aber ich habe keine Ahnung was das ist

Heute 15:13

Sind Sie Angler?Ist eine Elektro Multirolle von Shimano

Heute 15:17

Was ein scheiß

Heute 16:34

05. Februar

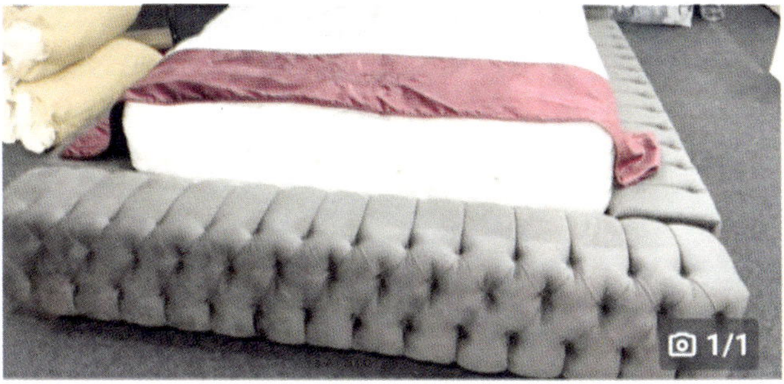

Verschenken ein Neues Boxspringbett, mit Luxus Matratze wert 1495

33602 Mitte >

Heute, 15:51 87

Verschenke ein Neue Boxspringbett 180x200cm mit Luxus Matratze.

Wenn jemand fragt, warum.

Weil wir es Können.

06. Februar

Noch da!

Heute 17:53

ja

Heute 18:02

Dann schmeiß weg!

Heute 18:23

07. Februar

Hallo Versand bitte

Heute 15:09

Was das für eine Aussage

Heute 15:13

Verstehst du kein deutsch ? Dann hier nochmal anders in nicht drutsch ausgedrückt: Du mir vorbei bringen die Roll container ja nein fragezeichen

Heute 15:17

Auf was für einen ungehobelten Planeten lebst Du? Ich verschenke die Container, warum soll ich diese Dir noch vorbeibringen, zumal nach so einer rüden Aufforderung 😂

Heute 15:18

So da ich Polizei Beamter bin habe ich dass Gespräch nun screeniert und erstatte Anzeige gegen Sie

Heute 15:24

08. Februar

DU findest in Berlin KEINE Whg für NUR
soooo wenig Geld !!!!!!!!!!!!! Vergiß
es !!!!!!!!! Denn Berlin ist voll und erstickt
an Suchende

10:45, 04.10.2021

Liebste Ute,
vielen lieben Dank für deine lieben Worte! Du hast mir mit deinem ungefragen Rat sehr weiter geholfen. Dir auch noch eine schöne Woche!

12:29, 04.10.2021

für nur sooooo wenig Geld fidest du in
berlin NICHTS !!!!!!!!!!!!! Vergiß es !!!!!!!

23:44, 05.10.2021

Ja ute, wie gesagt, danke. Such dir ein Hobby

09. Februar

Letzter preiss 900 ich komme jetzt

Heute 14:27

Delle nicht gut und auch keine Papiere

Heute 14:27

Ich bin armer Azubi.
In diese Simson wurden das doppelte reingesteckt wegen einer kleine Delle geh ich nicht so weit runter.

Heute 14:29

Die kleine Delle macht viel aus für das Preis krieg ich besseres. Ich bin armer frührenter sie blödföhn du können arbeiten gehen ich nicht. Letzte preis jetzt 900€ ich hole ab

Heute 14:30

Blödföhn schon garnicht du blödhammel 1000€

Heute 14:31

10. Februar

Gut tag
Wie viel kostet ende Preis abholen

13:17, Apr 26, 2021

Für 70€ kannst du es Abholen.

13:20, Apr 26, 2021

60€

13:22, Apr 26, 2021

70€

13:23, Apr 26, 2021

65€

13:23, Apr 26, 2021

75€

Okay, treffen wir uns in der Mitte: 70€

13:24, Apr 26, 2021

Rechnung

13:25, Apr 26, 2021

70€

Ok

11. Februar

Hallo

10:21, 8 Sep 2022

Hallo ja

10:22, 8 Sep 2022

Hallo, können Sie einen Rabatt geben, den ich mir nicht leisten kann?

10:23, 8 Sep 2022

12. Februar

Eugen von Harry Potter

25 € VB

13. Februar

Sieht schön aus passt voll zu dir 😊

Heute 17:02

Danke :) hast du Interesse daran es zu kaufen?

Heute 17:19

Ich habe interesse an dir 😁

Heute 17:39

14. Februar

Deitsch für Profis - Wolf Schneider

3 € Versand möglich

15. Februar

Guten Tag. Könnten Sie mich zum halben Preis verkaufen? Grüße Albert

15:53

Guten Tag,
um eine realistisch Preisberechnung vorzunehmen, benötige ich bitte folgende Daten von Ihnen:

Alter, Körpergröße, BMI, Angabe von evtl. Vorerkrankungen, sowie Ihren handwerklichen Fähigkeiten. Eine Export-Ankaufsanalyse via Slavescout24 erfolgt dann in Kürze.

Viele Grüße aus Altenburg

18:06

16. Februar

Hallo
Bin leider Schüler
Würde nein kann ihnen fur
alles 30 euro zahlen
Mein papa würde es abholen

Gestern, 18:13

?????

Heute, 15:15

Nein tut mir leid

Heute, 15:17

Es muss ihnen nicht leid tun
Wirklich nicht
Das möchte ich nicht

Heute, 15:22

Jetz tut es mir leid
Das es ihnen leid tut

Heute, 15:22

17. Februar

Halo fur 300€ Ich abholen heute.

16:43

Hallo
Das ist zu wenig

17:26

Ich wurde auch diese Vogel dazugeben

17:27

Nein danke

17:28

18. Februar

Hello

21:26, 04.10.2022

Hello

Is it me you looking for?

21:28, 04.10.2022

100€

21:33, 04.10.2022

134€?

21:35, 04.10.2022

100€

21:38, 04.10.2022

125€!

21:39, 04.10.2022

Nein 100€

21:41. 04.10.2022

19. Februar

Moin Frank...ich würde Dir gerne 4000€ überweisen und das Moped am Wochenende abholen. Denkst Du das ist ein guter Plan?

Grüße Mathias

14:54, 21.10.2022

...und über einen Gegenvorschlag würde ich mich auch freuen!

16:14, 21.10.2022

Hätte da noch eine Frage...hast Du mal ausprobiert ob dieses Motorrad in Deinen Arsch passt und ob Du es dann noch auf den Hauptständer kriegst? Eigentlich interessiert es mich nicht, aber Du könntest es Dir dann in Deinen Arsch schieben und sehen wie sich das anfühlt, Du Fachmann! Viel Spaß mit Deinem Scheiß-Moped !!!!

16:01

20. Februar

Hallo ist noch da, ich kann Morgen um9uhr abholen

Gestern 23:56

Hallo,
müsste allerdings selber abgebaut werden.

Heute 13:54

Ja gerne

Heute 13:59

Senden Sie die Adresse bitte

Heute 14:00

Ich komme mit zwei Personen, und ein Felix ,

Heute 14:01

21. Februar

Suche eine kaputte Geige!!!! Um meine Nachbarn zu nerven.

Nur Abholung

20537 Hamburg Hamm >

05.10.22 820

Hallo.
Meine Nachbarn sind sehr laut in der Nacht und wollte Sie auch nerven morgens, wenn Sie schon eingeschlafen sind. Dafür brauche ich ne Geige, soll kaputt sein, damit es schöner wird.

22. Februar

Bitte teilen Sie mir die Adresse mit, dann hole ich es für 2€ ab. Und einen Kaffee

Heute 12:02

Hallo??

Heute 12:13

Möchten sie nicht verkaufen?

Heute 12:13

Ok anscheinend möchten Sie wirklich nicht verkaufen

Heute 15:08

Dann bleiben sie halt auf ihren Schrott sitzen

Heute 15:08

Mettmogli

Heute 15:09

23. Februar

Hallo
Ich bin interessiert
Schreiben Sie bitte Letzterpreis
Gruß Paul

Heute 06:55

Letzerpreis

Heute 06:59

Danke

Heute 07:58

24. Februar

Dr.Kawashimas Gehirn Joghurt (Switch Spiel)

20 €

25. Februar

Moin,
Mit großem Interesse habe ich diese Anzeige gelesen.
Bei dem Sofa gibt es keine Gebrauchsspuren das ist schon mal gut!
Wie sieht es denn mit Geruchsspuren aus?
Wurde oft auf diesem Sofa gefurzt ? Am besten wäre natürlich wenn man bei jedem Furz aufgestanden wäre, viel besser wäre es gewesen den Raum zu verlassen. Damit das Sofa keinen Geruch annimmt.
Ich hoffe sie können mir da weiter helfen

Mit freundlichen Grüßen

Do. 17.03.22

Hallo ? Hallo ?

Do. 17.03.22

26. Februar

Guten Tag,

Meine Nachbarin interessiert sich for die Wohnung.

Frau [redacted] 40 Jahre , Single. [redacted]

Da sie zz kein Internet hat könnten Sie sie kontaktieren oder Ihre Nummer geben.

Gruß [redacted]

Heute 08:34

Was macht ihre Nachbarin beruflich?

Gruß [redacted]

Heute 18:24

Arbeitssuchend.

Nehmen Sie lieber wen anderes. Kann das verstehen.

Heute 18:26

27. Februar

nagel dich mit Staubsauger

100 € Nur Abholung

99084 Erfurt >

Heute, 11:56 13

28. Februar

Für 5€ würde ich die Lampe direkt abholen. Kann sofort über Paypal bezahlen.
Liebste Grüße

Nadine

Heute 13:07

Für 10 Euro gebe ich sie gerne ab :)

Heute 19:07

Das ist ein echt nettes Angebot von Ihnen, aber ich bin Studentin und habe gerade aufgrund von Corona keinen Job mehr.. da zählt bei mir jeder Euro :(

Heute 20:39

Ach wissen Sie was... wenn das so ist, können Sie die Lampe gerne für ne Packung M&M's haben ...

Heute 22:12

29. Februar

Legendärer Fliesentisch

Zu verschenken

94327 Bogen Niederbay >

Art	Tische
Versand	Nur Abholung

Verschenke hier einen wunderschönen, sehr gut erhaltenen Fliesentisch. Er hat 2 Weltkriege überstanden, hält jegliches Gewicht stand und macht dabei noch eine top Figur. Meines Erachtens ist dieses Unikat unbezahlbar, jedoch habe ich aufgehört zu rauchen und aus Versehen eine Arbeit gefunden, wodurch ich leider nicht mehr in der Lage bin, seinen Kriterien zu entsprechen und deshalb möchte ich ihm dieses Leben hier nicht länger zumuten. Ich hoffe es lässt sich jemand finden, der ihm das gibt, was er braucht... und zwar, überfüllte Aschenbecher und rund um die Uhr Hartz-4-TV.

01. März

Schon genutzt? würde dann gerne nehmen.

Heute 21:09

Nein ist auch noch eingepackt

Heute 21:10

Schade

Heute 21:10

Wie schade

Sie wollen einen benutzen Mundschutz kaufen ??!

Heute 21:11

Können sie in den Mund packen ansabern und dann würde ich ihn nehmen.

stehe auf sowas

Heute 21:12

02. März

Suche Leute zum Bier Trinken

Zu verschenken

Ich suche Leute die auch in der Woche bock haben sich mal ordentlich ein paar Bierchen reinzulöten.

Ich habe täglich ab 16:00 Uhr Zeit und würde mich freuen wenn ihr meine Kollegen ersetzen würdet, die der Meinung waren es wäre "cool" eine Familie zu gründen und mich zu vernachlässigen.

Am Besten heißt ihr Tim, Robert oder Jan, damit ich keine neuen Namen lernen muss.

Des weiteren solltet ihr keine Kinder in Planung haben oder wenigstens so aussehen, dass dies sowieso unrealistisch ist.

Meldet euch!

03. März

süße asiatische Babypuppe Puppe aus China 80er Jahre

7 € Versand möglich

13353 Wedding ›

04. März

Waschmaschine

€ 50

Geht auch

Sonntag?

:)

Am wochenende muss ich arbeiten

Auwei

Montag wäre super

OK ich schau mich Mal um und
wenn ich keine andere finde, dann
Montag :)

Prima!

Brauch sie nämlich dringend 😁

Stapelt sich die wäsche schon? 😂

Haha ja und wiiee

Mount Everwäsch

05. März

Für 120 Euro würde ich die abholen

Heute 17:02

Mein

Nein

Heute 17:03

Was wäre denn für sie ein angemessener Preis

Heute 17:07

Mit 170 wäre ich einverstanden

Heute 17:08

Haben Sie denn Interesse da ich noch andere habe die sich für die Küche interessieren

Heute 19:33

Welcher idiot will schon so ne scheiß Küche

Heute 19:39

Anscheinend so ein Idiot wie Sie.

Heute 20:04

06. März

Ein wilder Käufer erscheint!

"Was letzte Preis?"

22:42, Mar 23, 2020

junge was willst du

23:04, Mar 23, 2020

07. März

Moin! Können sie noch mal Fotos im anderen Licht machen? Erkenne die Farbe relativ schlecht. Danke!

Heute 14:31

Hi

Ich bin an der Arbeit. Kann ich morgen machen. Die Oberfläche ist so ungefähr türkis

Heute 14:32

Hi

Der Tisch ist gerade während dem Geschlechtsverkehr mit meiner Frau zusammengebrochen. Er steht dementsprechend nicht mehr zur Verfügung. Tut mir Leid

Heute 21:16

08. März

Hallo, wie ist der Zustand des iPhones? Außerdem interessiert mich die Akkukapazität, zu finden unter "Einstellungen/ Batterie/Batteriezustand/ Maximale Kapazität" Im Voraus vielen Dank für die Beantwortung meiner Fragen. Gruß Thomas

Heute 11:42

Sind Sie Thomas die Lokomotive?

Heute 11:52

09. März

Hallo, ist es möglich, Polen zu versenden

21:20, 20.06.2020

Ich glaube nicht, Polen ist ziemlich groß.

10. März

Ich will abholen

14:01, 05.06.2020

Musst aber selber abbauen

14:02, 05.06.2020

Ok

14:03, 05.06.2020

Brauchst einen kreuzschraubenzieher

14:04, 05.06.2020

Aso dann nicht

14:04, 05.06.2020

11. März

Ein Pommesberater steht zum Verkauf.
Es funktioniert gut mit entsprechenden Gebraucht Zustand.
Bei Interesse einfach melden.

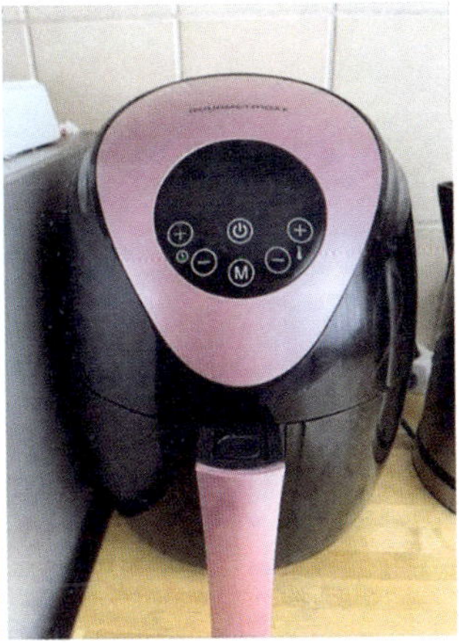

15 €

Pommes Berater

12. März

Sorry hatte gestern einen unfall ginge heute?

18:08, 01.05.2020

Ja, heute würde auch gehen, bin den rest des Abends zuhause

18:10, 01.05.2020

Möchten Sie denn noch kommen? 🫢

18:41, 01.05.2020

Ok ca 20min?

19:20, 01.05.2020

Ja das passt

19:20, 01.05.2020

Sorry hatte einen unfall

21:52, 01.05.2020

13. März

Würden sie gegen ein MacBook Pro 2020 tauschen? Mit freundlichen Grüßen

Heute 12:07

Nein

Heute 13:47

Hater

Heute 15:00

?

Heute 15:04

Sorry hat mein Sohn geschrieben der kriegt jetzt fortnite verbot

Heute 15:12

Haha

Heute 15:40

14. März

Buch von die drei Fragwürdigen

5 €

15. März

Hallo,

sind beide Kopfhörer und die
Lade-Case voll funktionsfähig ?

Mit freundlichen Grüßen

Mi., 20.02.19, 12:00

Ja alles funktioniert

Mi., 20.02.19, 12:02

Ist alles dabei?
Manche verkaufen z.B. Nur den
linken Hörer

Mi., 20.02.19, 12:03

Es sind 2 linke für Leute mit 2 linken
Ohren.. war eine sonderanfertigung

Mi., 20.02.19, 12:04

Gut dass ich gefragt hab

Mi., 20.02.19, 12:07

16. März

Servus, ich könnte 220€ all in anbieten
LG[redacted]

19:24

Satz mit X, war wohl nix

19:25

Cringe

19:27

Sry Bro

19:27

Satz mit x ich fi[redacted]deine mutter

19:28

Anzeige ist raus

19:29

17. März

Erledigt :) und vielen Dank!

Di. 10.03.20

Vielen Dank! Bringe es nachher zur Post 😊 Habe alles möglichst vorsichtig eingepackt, damit es nicht zu sehr zerknittert.

Mi. 11.03.2

Hi Madeleine, ich bin so glücklich mit den Gardinen und sie passen perfekt. Ich habe dir gerade nochmal 10€ zusätzlich überwiesen da ich irgendwie fand, dass sie das wert waren. Also, danke nochmal 😀. LG [redacted]

Heute 20:12

18. März

Schönen guten Tag.
Ich würde gerne die Scheinwerfer an meinem Mercedes CLK W209 von Ihnen aufbereiten lassen.
Muss man einen Termin machen? Wie sind Ihre Öffnungszeiten?

Vielen Dank im Voraus

Heute, 13:24

Hallo
Ich mache nur aussen Scheinwerfer

Heute, 15:26

Ja innen hat man ja meistens keine

Heute, 15:28

Sie haben geschriben von ihnen

Heute, 15:31

Ja von Ihnen und nicht von innen

Heute, 15:32

ich mache Nur außen nicht ihnen

Heute, 15:35

19. März

Sehr geehrte Damen und Herren
Ich interessiere mich für die Wohnung
Ich bitte um Nachsicht für eine
Besichtigung
Mit freundlichen Grüße

Heute 19:58

Hallo, passt ihnen Samstag um 12:30?
Mit freundlichen Grüßen

Heute 20:00

Ok Dank Schön aber ich bin jetzt
Arbeitslos

Heute 20:04

20. März

Verkaufe diesen Kunstlederstuhl

40 € Nur Abholung

Heute 12:35

Verkaufe diesen Stuhl, weil ich das Geld benötige um meiner Katze ein Geburtstagsgeschenk zu kaufen.

21. März

Hallo Martin, gerne würde ich den Hocker meinen Freunden für ihren Sohn schenken. wären 40 Euro für dich in Ordnung ? Und wo könnte ich mir den Hocker anschauen ? Liebe Grüße L

14:47

Hallo Martin, gerne würde ich den Hocker meinen Freunden für ihren Sohn schenken. wären 35 Euro für dich in Ordnung ? Ich habe momentan leider nicht so viel Gelde. Und wo könnte ich mir den Hocker anschauen ?Liebe Grüße L

15:05

Hallo Laura. 35 sind mir definitiv zu wenig für diesen schönen Hocker. Sorry. Aber vielleicht findest du ja einen in deiner Preisvorstellung?!? Liebe Grüße

16:48

Du Ganove

16:49

22. März

Aber kein originales...das macht den Akku kaputt

Heute 20:32

Ich kann wirklich nicht weiter runter gehen tut mir echt leid vielleicht hast du bei anderen Anbietern mehr Glück 🍀 echt sorry

Heute 20:34

Ich wollte dich eh übern Tisch ziehen. Alles gut

Heute 20:35

23. März

Was ist das für ein Modell? Noch nie gesehen aber sehen cool aus !

Heute 13:58

Nike Mercurial Vapor X glaube ih

Ich

Ich habe sie geschwärzt

Heute 14:12

Okay und wieso sind die dann selten ?

Heute 15:44

Weil es das Modell nicht mehr zu kaufen gibt

Heute 17:42

Spielt man besser mit denen ?

Heute 17:57

Ja auf jeden Fall!

Heute 17:58

Okay weil ich bin gerade Bank Spieler und möchte in die Startelf

Heute 17:59

Das schaffst du mit den Schuhen!

Heute 17:59

24. März

hallo guten abend ich würde gerne mit arbeiten ich bin 1,80 hoch aber ich spreche es nicht gut

Mi. 28.08.19

Wenn Sie Interesse haben könne. Wir uns zu einem kurzen Gespräch am Donnerstag verabreden[redacted]

Mi. 28.08.19

Ich fange am Samstag als Obstsalat an

Mi. 28.08.19

Na da gratuliere ich, sowas ist aber selten!

Mi. 28.08.19

25. März

Moin! Wo befinden sich denn die Sitzplätze? 😉

Gruß Daniela

07:34

Klar

08:08

26. März

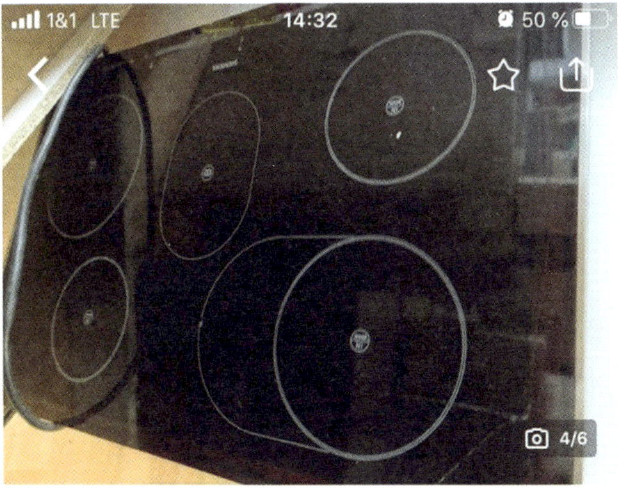

Infektionsherd 81x51,5 cm

Zu verschenken

27. März

Suche Begleitung zur 90er Party in Essen

Zu verschenken

45525 Hattingen >

Heute, 16:06 74

Ich, weiblich, 34, Aussehen wie ne polnische Raubkopie von Taylor Swift, allerdings mit Paint retuschiert und nicht mit PhotoShop, hab Bock morgen auf die 90er Party in der Weststadthalle in Essen zu gehen. Bin bei 90ern absolut textsicher, jedoch mit durchaus grauenvoller Stimme, welche vorteilhafterweise im Sumpf der Mitsingenden nicht weiter zu schamerfüllten Momenten führt.
Suche Begleitung in Form von adrett gekleideter Partymaus, die sonst eher schüchtern ist, oder Rampensau die auch ohne Alkohol ordentlich feiern kann und mindestens den Busfahrer und den Regaleinräumer als Dancemove auspackt.
Meld Dich!

28. März

Guten Tag,

Ich schreibe mit Übersetzer.

Heute, 15:34

Ich werde mit meinem Auto in dein Haus hinein fahren und bitte darum mit dem Schrank verheiratet zu sein. Der Schrank ist wunderschön und ich werde Sie verwöhnen werden. Dafür bekommen sie 50 Euro. Bitte geben Sie mir Bescheid ob Sie der Vereinigung zustimmen. Ich liebe Sie Grüße

Heute, 15:41

29. März

Rossell Hobbs Wasserkocher
und Torsten

57 € VB

30. März

Servus, könnte man die Waschmaschine
heute noch besichtigen?
LG [redacted]

Tel.: [redacted]

Heute 16:2

Hallo nein leider nicht, die wird auch
wahrscheinlich morgen geholt.
LG

Heute 17:37

Es hängt ein Pfeeerdeafter an der Wand

Heute 17:3

Ja hat doch jeder an der Wand hängen

Heute 17:42

Sorry, mein dummer exmitbewohner hat
anscheinend noch die Zugangsdaten für
den Account 😂 ich entschuldige mich
im Namen der ganzen Menschheit 😅

31. März

Ein Porzellan Gerhard

85 €

01. April

Hallo
Versand geht ganz einfach als hermes paket...einfach knicken zusammenfalten fertig...versand kostet um die 10€

Heute 04:11

Prima werde ich mir merken. Ich habe aber ausreichend Anfragen die ihn holen wollen

Heute 22:34

Interessenten sind noch lang keine kaufer

Das !!
sollten Sie sich besser merken!

Heute 22:45

Ist mir bekannt
Unverschämte Klugscheisser sind bei mir definitiv keine Käufer. Auch das sollten Sie sich merken

Heute 22:53

Dann Benehmen sie sich und klugscheissen hier nich rum...penetrantes erwas!!!

Dumm wie stulle

Heute 22:58

02. April

Wäre 11 Uhr ok? Ich habe kein Smartphone und kann in [redacted] nicht schreiben weil ich dort kein WLAN habe.

Heute 08:10

Ja. 11 Uhr passt

Bis gleich

Heute 08:13

Danke für die Reifen. Habe sie eben positiv bei EBAY bewertet. Mf[redacted]

Heute 15:20

Danke fürs abholen. Und danke für die Bewertung!
Mit freundlichen Grüßen

Heute 15:34

Kein Problem und wenn sie mal Interesse an einer kostenlosen Fusspflege Fussreflexzonenmassage haben einfach anschreiben. Mache das noch mal ab und zu nachdem ich es von einer Thailänderin gelernt habe.

Heute 15:54

03. April

Airbag vorhanden?

21:47

Sorry wo bleiben meine Manieren hallo
und Lg Jan 🤦‍♂️

21:48

04. April

Okay bis später 👍🏻

Fr. 08.07.22

Hallo Tomek, hat die Drohne bei dir wirklich funktioniert?

Sei einfach ehrlich - bei mir geht die nichtmal an

Heute 21:58

Ist das jetzt dein Ernst ?

Ich hab sogar noch Videos wie ich mit der Drohne geflogen bin

Heute 22:07

Du weiß aber wie die angeht ?

Einmal drücken dann Noch einmal gedrückt halten

Heute 22:16

😂😂😂 ich bin ein idiot 🥲

Hatte selber eine vor 2 Jahren dachte wüsste wie es angeht 😀

Ist jetzt an

Sorry !

Heute 22:20

05. April

Wasserwerfer

8 € + Versand ab 6,99 €

06. April

okay. ich weiß noch nicht wann ich nächste woche in dortmund bin. wenn ich es weiß melde ich mich

17:48, 12.09.2022

Ohh Danke schön..ich freue mich auf diese ausgefallene Decke😃😉

17:49, 12.09.2022

ich bin später in dortmund. passt das? sonst samstag abend

heute aber wahrscheinlich später als 16 uhr

14:31

Hallo mein Windhund hat ein Unfall gehabt..ich kann heute nicht..Lg

14:42

07. April

heute, 08:39

Ist der Fernseher noch
da mein Hund hätte ihn
gerne ,wann könnten wir ihn
holen kommen . Wufwuf 🐕
wufwuf 🐕🐕 wufwuf i

willhaben-Code: [redacted]

heute, 11:48

Ihr hund?

zugestellt

08. April

Hallo wir hätten Interesse.MFG

Wir hätten eine Frage wäre es möglich, Wenn mein 16 Jähriger Sohn alleine kommt um ihn Abzuholen?

Heute 12:30

Wo kommen sie denn her?

Heute 12:31

Bergedorf Hamburg

Heute 12:32

Will er da mitm Zug kommen oder wie?

Heute 12:33

Mit dem Zug oder dem Moped.

Er könnte dann auch erstmal zum Vater fahren, der in Leipzig wohnt.

Heute 12:35

Sie wissen schon das das über 300km sind? Wie will man einen Hund mit dem Moped transportieren?

Heute 12:35

09. April

Bärbel und Ken

10 €

10. April

Ich biete dir mein Apple MacBook Air dafür

Heute, 13:32

Sie verkaufen ein Gerät für 375€, welches fast 10 Jahre alt ist und denken, dass ich das gegen ein zwei Monate altes iPhone tausche, welches neu knappe 750€ kostet?

Heute, 13:32

Ich dachte du bist dumm

Heute, 13:35

Gleichfalls. Schönen Tag noch

Heute, 13:36

11. April

Große Puppe sitzend Körperteile können nicht
bewegt werden sie kann nur sitzen
Preisvorschlag möglich
Beleidigungen sind nicht erlaubt

400 € · BAYREUTH, BAYERN

Puppe

Nachricht senden

12. April

Bettwäsche asiatische Schriftzeichen

Zu verschenken

Schwarz weiße Bettwäsche von ikea mit chinesischen Schriftzeichen. Sehr gut erhalten! Benutze sie nur nicht mehr

13. April

Hi
Wie wärs mit 600 inkl Versand

14:20

Ja das klingt gut. Der Versand dürfte auch relativ billig sein, ich denke DHL Päckchen ist realistisch.
Mir hätte auch 500 inkl. Versand gereicht, ich kann aber der Fairness halber noch meine 3 Bildschirme mitschicken? MfG

14:24

Machen sie Witze

14:26

Sie haben doch angefangen

14:27

14. April

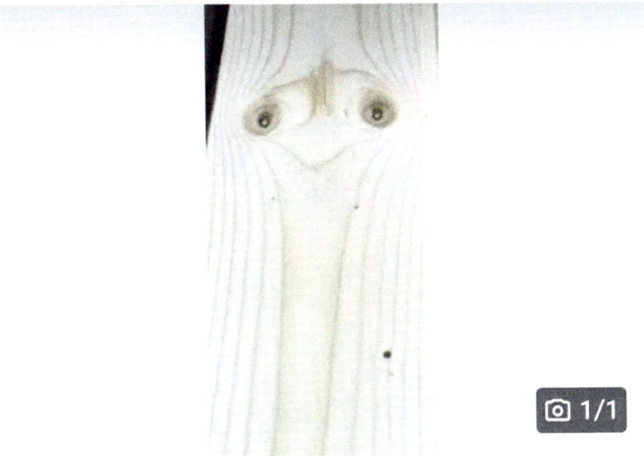

Verkaufe Holzbrett in Straußoptik

10 € VB Versand möglich

Das Brett ist von Engelbert Strauß oder so.... keine Ahnung bin kein Tischler.

15. April

Moin, würden da auch Bierkästen reinpassen?

Heute 01:12

Ja ist aber leider reserviert

Heute 01:29

Und als ihr Wort in meine Augen fiel, da wusste ich da platzt der Deal.
Welche ein Graus, das Objekt ist aus.
Doch Hoffnung schimmert klar, denn zuverlässig Käufer sind rar.
Der ständer mag mir freude bereiten, deshalb schreiben sie mir bei Zeiten.
Und Falls der Ständer ist schon fort, so gammelt der Kasten an seinem alten ort.

Heute 01:33

16. April

Also? Wie siehts aus :D

Di. 04.02.20

:/

Di. 04.02.20

Alter das kann es doch echt nicht sein das hier keiner mehr den Anstand hat wenigstens abzusagen!!!

Heute 05:59

Lass mich in Ruhe

Du Geisteskranker !

Heute 09:49

Wtf hahah

Heute 10:19

hören sie auf mich zu belästigen

Sie garstiger Wicht

Heute 11:34

17. April

Tipp: das ist ein X wing.

22:27, 24.01.2020

Ich weiß

Meine eltern sagten wenn der x wing nicht verkauft wird kann ich ihn behalten. Deshalb falscher name und so

23:00, 24.01.2020

Topp

23:04. 24.01.2020

18. April

Paket is raus 😄

11:50, 07.01.2020

Is das Päckchen gut angekommen? 😄

21:44, 09.01.2020

[redacted]?

16:31, 10.01.2020

Melde mich nachher =)

16:52, 10.01.2020

Jo alles toll angekommen. Danke dir. Funktioniert einwandfrei. Ich werde im Mai Vater. Ich bin glücklich. Ka Warum ich dir das erzähle. Bin gerade high. Schönen Abend noch[redacted]

21:34, 10.01.2020

19. April

Hallo
Ist die Wohnung hellhörig ?
Das wäre extrem wichtig zu wissen, da ich regelmäßig Frauenbesuch habe und in meiner jetzigen Wohnung Beschweren sich die Nachbarn einfach zu oft.
Lg

13:38

20. April

Geh früher Schrank

20 € Nur Abholung

21. April

Ich würd gern den Pinguin haben biete 3€

Heute 19:57

Guten Abend,
ich würde 3,50€ plus versand an bieten, Frau [redacted]!
mfg [redacted]

Heute 19:58

Das halte ich für ein bisschen viel Frau [redacted]! 3,20 inkl. Versand und wir sind im Geschäft.

LG [redacted]

Heute 19:59

Das finde ich jetzt ziemlich unverschämt! Der Pinguin ist neu und hat keine Gebrauchsspuren!
Mit freundlichen Grüßen [redacted]

22. April

Moin, was würde Versand nach Niedersachsen Kosten?

MFG
[redacted]

Heute, 17:22

Kein Versand ins Ausland
Mfg

Heute, 17:50

23. April

Hallo, ich habe Interesse an der
Matratze aber vorab eine Frage
Liebe Grüße
[redacted]

Heute 19:01

Hallo, dann stell deine Frage doch mal :)

LG
Malene

Heute 19:03

Ist in dem Bett schonmal jemand
gestorben?

Heute 19:03

Oh, das ist aber eine ungewöhnliche
Frage. Nein, in dem Bett ist niemand
gestorben.

Heute 19:04

Ah okay,
Danke für Ihre Rückmeldung
Dann suche ich weiter

Heute 19:05

24. April

Hallo
will mich am Unterarm tätowieren lassen.
Was kostet das?

Heute 19:05

was für ein motif und wie gross?

Heute 19:14

Der Name meines Kindes ca. 10cm

Heute 19:15

so 40 euro kannst morgen kommen
adresse
[redacted]

klingel bei [redacted]

Heute 19:17

Die Woche ist schlecht. Geht auch
nächste Woche?

Heute 19:17

da kann ich nicht muss ab freitag in
haft

25. April

Hallo. Habe Interesse an dem Huawei. Bin aus Mönchengladbach. Wäre noch am preis was zu machen bzw was ist ihre Schmerzgrenze dann würde ich, wenn wir uns einigen können heute abholen.

Heute, 08:26

500 sind Vest Breis

Heute, 10:35

Weil steht VB

Heute, 10:35

Das heisst Verhandlungsbasis

Heute, 10:36

Das heißt Vest Breis

26. April

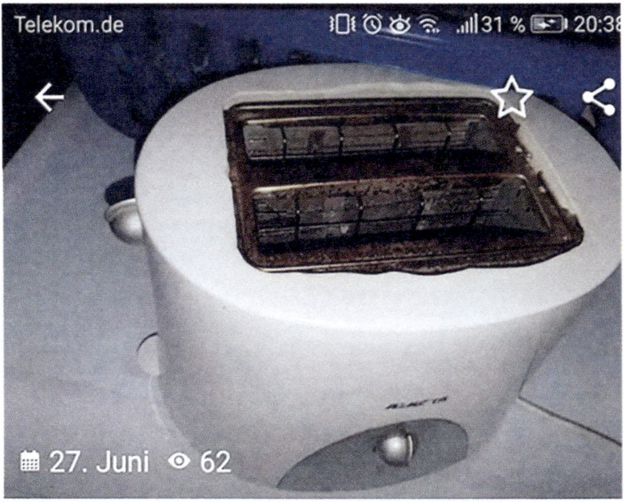

Torsten gebraucht

Zu verschenken

27. April

hallo, für 180 € kaufen?

Heute 13:12

190 bei Abholung

Heute 13:29

Ist das Bett fertig?

Heute 14:18

Ja komplett

Heute 15:38

Kann ich heute um 20:00 Uhr ins Bett gehen?

Heute 17:40

sie können ins Bett gehen wann sie wollen

28. April

Also 3 für 20€

Heute 14:49

18,79 inklusive Versand :) welcher comic sollte denn noch dazu?

Heute 15:06

Ne sorry also 20 würde noch gehen aber den preis will ich nicht zahlen

Heute 15:33

18,79 ist doch weniger als 20? :D

Heute 15:39

3 Comics a 5 Euro sind 15plus 3,79 Versand.

Heute 15:40

Nene 20 wär wirklich der letzte preis sorry

Heute 17:52

Der Preis wäre 18.79.... werde ich verarscht? Mit Versand!!

Heute 17:57

Das hab ich schon verstanden

Heute 18:09

Aber das zahle ich nicht

Heute 18:09

29. April

Wenn Frodo einen Unfall baut, hat er dann einen:

Mordor schaden

3.300 €

30. April

Ikea Bild brücklinbridge (Groß)

20 €

01. Mai

kannst du ins Ausland scheißen??

00:24, 20.07.2021

Soweit kann ich nicht scheißen sorry

00:25, 20.07.2021

02. Mai

Guten Tag haben Sie es Noch da

14:46, 16.10.2022

Hallo, ja. So lange meine Anzeigen online sind, sind sie noch verfügbar.

14:13

Ah cool, was wäre denn drr letze preis
Da ich noch ein Student bin und neu in köln bin

14:29

An dem Preis ist nichts mehr zu machen.

15:06

So arrogant und Selbstverliebt wie du schreibst habe ich eh kein Intresse mehr. Lern mal am besten Seriös und freundlich zu schreiben. Mit etwas bitte und danke Würde man sich besder verstehen. Volltrottel.

15:09

03. Mai

Hallo, hätte Interesse an dem iPhone.
Warum verkaufen sie ist so günstig?

Heute 13:06

Meine Schwester wurde entführt und mir fehlen 150€ um den entführer zu bezahlen

Heute 13:46

😂😂😂 haha na klar.

Heute 13:46

04. Mai

Hallo ich hätte eine Frage ich habe kein Führerschein kann ich aber trotzdem eine Probe fährt machen

00:44

Hallo,
da Sie keinen Führerschein haben, kann ich ihnen lediglich eine Probefahrt mit dem Spielzeugauto meines Neffen anbieten. Das Fahrzeug in der Anzeige kann ohne Führerschein nicht Probe gefahren werden.
Liebe Grüße

07:43

Ja aber deine mutter ist ein LKW und da für hab ich auch kein Führerschein gebraucht

09:25

05. Mai

Männerhandtaschen von Louis Beton

100 €

Art Taschen & Rucksäcke

Ich verkaufe diese Handtaschen aus der neuen Collection von Louis Beton.

Die Handtaschen werden nur an Männer verkauft, die mindestens einen 44er Bizeps haben.

Sollten Sie ein Lauch sein, so schreiben Sie mir bitte nicht, die Handtaschen passen nicht zu Ihnen! Ich kann Ihnen alternativ aber eine Handtasche von Louis Karton anbieten.

06. Mai

Moin :)
Ich könnte das als Warensendung losschicken, das wären dann 12 Euro insgesamt;)
Liebe Grüße

06:00, 10.11.2021

Das ist mir leider zu teuer

Kannst du da noch was machen ?

17:03

Eine Flasche kostet neu 10 Euro, meine sind unbenutzt und kosten die Hälfte, ich finde den Preis mehr als fair :)

17:04

Ja ich hab aber nicht nach deiner Meinung gefragt, sondern ob du da was machen kannst

17:06

07. Mai

Guten Abend Herr [redacted] hier.
Könnte man an dem Preis noch etwas machen ?
Der Schrank sieht geil aus passt genau zu meiner geilen neuen hochmodernen Küche ich suche genau so ein echt geiles Teil mfg.

Fr. 20.05.22

Guten Abend [redacted]
Was hast du dir denn preislich vorgestellt?
Freut mich, dass er dir gefällt. 😊
Viele Grüße [redacted]

Fr. 20.05.22

Geiles Teil echt also wirklich richtig richtig Geil !! Ich würde 15 bieten 💁 💰.
Bin echt verliebt in das geile Teil

Fr. 20.05.22

08. Mai

Hallo
Diese Wohnung gefällt mir
Können wir am Donnerstag
ein Besichtigung Termin
machen
Uhrzeit ist mir egal

Heute, 14:19

Donnerstag ist vatertag, da bin ich
saufen. Wie jeder normale Mensch

Heute, 14:25

09. Mai

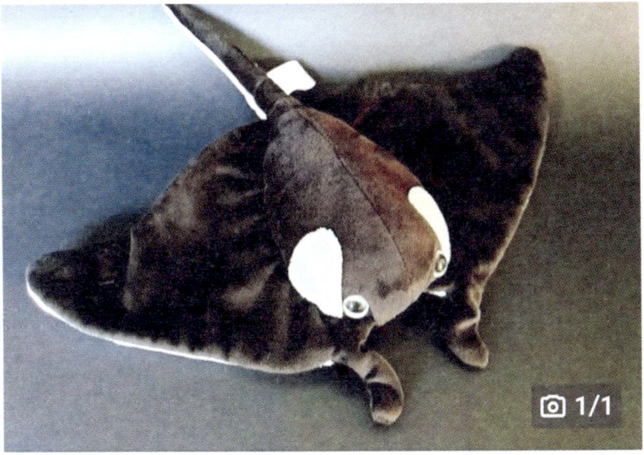

Kuscheltier ein Manta Jochen

7 €

10. Mai

Hallo das auf den Bildern sind a4 b5
Scheinwerfer und keine a3 8l
Mit freundlichen Grüßen

Heute 12:07

Vielen Dank, für die Info. Wird nochmal kontrolliert.

Heute 17:42

Sie haben Recht gehabt, der Kollege bekommt eine Abmahnung. Ihnen einen schönen Tag. Gruß Team [redacted]

Heute 18:03

11. Mai

Salat Lama - Das Buch der Menschlichkeit

Zu verschenken

12. Mai

Guten Tag sind die Lippenstifte noch zu haben?

Gestern 16:43

Guten Abend. Ja die sind noch da. LG

Gestern 21:56

Das ist schön!
Und sind auch unbenutzt?

Gestern 23:09

Auf der Hand ausprobiert. Sonst nichts.

Heute 16:27

Kannst du mir ein Foto von deinen Händen schicken?
Will nur mal sehen...nichtvdas du Sone Ratzinge pfoten hast und ich dann Patt bekomme 😅

Heute 20:07

✋

Heute 21:29

13. Mai

Ist Ihnen der Preis zu hoch?

Heute 20:19

Nerv nicht

Heute 20:20

Hä?! Sie schreiben mich an. Ich antworte human wie ein normaler Mensch und Sie fangen grundlos an mich zu beleidigen. Dürfte ich fragen, wo Ihr problem liegt?

Heute 20:21

Ich hab ne 5 geschrieben in Physik 2

Heute 20:23

14. Mai

Hallo,
ich bin interessiert an den Pflanzen.

11:46, 17.03.2021

Man sieht leider, dass das zoomorphe Empfindungsleben dieser Pflanzen sehr leiden musste bei Ihnen. Ich vermute, Sie haben lange nicht mehr mit den Pflanzen gesprochen, oder? grade im Winter benötigen sie unsere persönliche Zuwendung. Ich denke aber, dass ich den Pflanzen ein schönes und herzliches Zuhause schenken kann.

12:11, 17.03.2021

Hallo,

da muss ich meine Pflanzen erst einmal fragen, ob sie zu Ihnen wollen.

12:51, 17.03.2021

Das wäre super!
Falls sie zustimmen könnte ich bestimmt morgen schon zur Abholung kommen

12:54, 17.03.2021

15. Mai

600€ würde ich bieten.

Heute 10:42

Tut mir leid 900 mein letzter preis

Heute 10:55

😂😂😂 hoffentlich rutschen dir die Ärmel beim Hände waschen runter!

Heute 10:56

🤣🤣🤣🤣

Und ich hoffe du brichst dir den Rücken beim Sex 🤣🤣🤣👐

Heute 10:58

Wenigstens hab ich welchen 😂

Heute 10:59

👍👍

Inzest ist für mich keine Option

Heute 11:00

Der war nicht schlecht, trotzdem hoffe ich dass dir niemand das Ding abkauft

Heute 11:01

16. Mai

Schönen guten Tag ist der Schrott noch zu haben ich würde das alles auf einmal abholen ich habe einen großen

Heute, 10:13

Ich hab auch einen großen

Heute, 10:26

Ok

Heute, 10:34

Ok

Heute, 10:55

17. Mai

Käse Holger

5 € Versand möglich

18. Mai

freitag

10:25

Ne. 😂 Sicher nicht.

10:26

Wikser

10:27

Das heisst Wichser.

Liebe Grüße

10:28

Aso ok danke LG auch und schönen tag noch

10:28

19. Mai

Das „Beste" aus Instagram
@awkward_anfuehrungszeichen

Buch „" ‚‚

der absurden Anführungszeichen.
Hans Rusinek

seltmann

Das „Buch" des Jahres.

– Christoph Amend, DIE ZEIT

www.seltmannpublishers.com
Versandkostenfrei innerhalb Deutschlands

Hallo Sandra, ist Kühlregal da noch

Moin!

Ja das ist noch da.

[redacted]

Preis

Hast du die Anzeige gelesen?

[redacted]

Nicht wirklich

Wieso

20. Mai

Du Hund ich bin Student keine Geld

Job mal für 2€

mach

00:59, 09.10.2022

Sorry ich muss Wohl sehr betrunken gewesen sein, ich entschuldige mich für meine Ausdrucksweise.

23:17, 09.10.2022

21. Mai

Hallo ist das Auto. Noch da

16:32

Nein

16:57

Und kann ich morgen kommen

16:59

NEIN!!

17:45

Wann kann ich kommen oder wollen
sie nicht mehr verkaufen

18:09

Es ist weg zum 3. Mal!

18:10

Ok jetzt habe ich verstanden, danke

18:10

22. Mai

Kann man den auch alles erwachsener Mann mit Kindern für Homeoffice benutzen

Heute, 20:33

Natürlich. Unser Sohn (4) hat seine Bachelorarbeit damit geschrieben.

Heute, 20:40

23. Mai

In Ordnung vielleicht um einiges früher möglich Dankeschön

Heute 16:45

18:30 wäre das frühste ,bis 18:00 bin ich arbeiten

Heute 20:28

In Ordnung kann ich bei ihnen übernachten bis der 1. Zug wieder fährt Dankeschön

Heute 20:33

Wie stellen sie sich das vor ? Das ist eine ein Zimmer Wohnung

Heute 20:38

Ich beiße grundsätzlich nicht

Heute 20:39

Ich habe nur eine Schlafcouch

Heute 20:39

Reicht ja und was zu essen und ich bin glücklich Dankeschön

Heute 20:40

24. Mai

Ja hallo ist das auto noch zuhaben

18:08

Ja

18:28

Motor Getriebe ist alles in Ordnung ist
das Auto fahrbereit

18:30

Ja

18:34

Was.Kanns in Paris machen

18:44

Ich weiss nicht genau. War auch noch nie
da. Da gibts auf jeden Fall den Eiffelturm.

25. Mai

Guten Morgen ist das Auto noch da?

Heute 03:33

Guten Morgen
Ja, das Auto ist noch da.

Heute 11:35

Was machen sie noch am Preis?

Heute 18:42

Was soll ich denn machen?

Heute 18:51

Nix

Heute 18:51

Dann bleibt er so.

Heute 18:52

26. Mai

Hallo was würde den eine Karte kosten ? Machen sie einen ordentlich und fairen Preis bitte :)

Gestern 21:47

Ich habe 102,00€ pro Karte bezahlt

Heute 07:19

179,00€ pro Karte Versand übernehme ich dann per Einschreiben und versichert

Heute 07:19

Waaaaaaas bitte ? 102€ bezahlt und 180€ verlangen ??? Wo kommen wir denn dahin ?

Heute 07:20

Zum Konzert

Heute 07:59

27. Mai

Schtofdenfer

80 € VB

28. Mai

Verkaufe sie das Handy

Heute, 20:28

Nein ich habe hier nur die Bilder hochgeladen.

Heute, 20:31

Also verkaufe sie es nicht

Heute, 20:31

Nein.

29. Mai

Signierte Autogrammkarte von Toningenieur Kroos

10 €

30. Mai

Hallo. Würden sie mir das Handy auch für 100€ verkaufen? Damit würden sie echt etwas gutes tuhn!

Heute, 20:52

Wieso sollte ich Ihnen ein Handy für 400€ weniger verkaufen als es wert ist ?

Heute, 20:58

Weil es echt für einen guten Zweck ist. Ich möchte das einer Person schenken die es im Leben nicht immer leicht hatte und sich meiner Meinung nach das Handy mehr verdient hätte als jeder andere. Bitte!!

Heute, 21:00

Welche Person soll das bitte sein?

Heute, 21:01

Ich

31. Mai

Kindergeschrei und Stühle Set von Ikea lila

20 €

01. Juni

Hallo. Was ist ihre
Schmelzgrenze?

Heute, 19:34

Meine Dachgeschoss Wohnung im
Juni und ihre?

Heute, 19:46

02. Juni

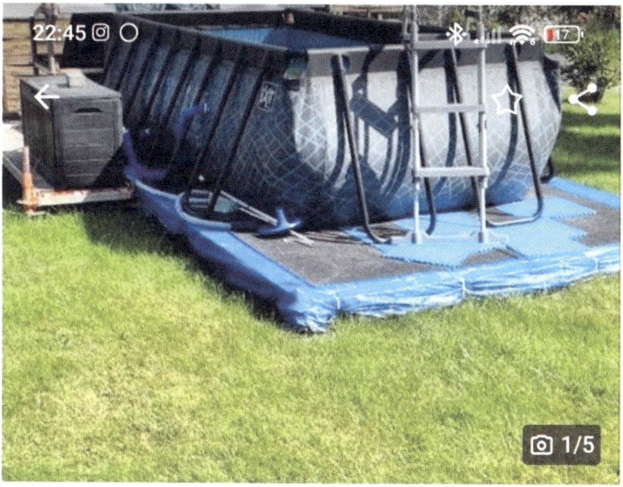

EXIT Pool, Komplettset mit großer Folteranlage

490 € VB Versand möglich

03. Juni

Gefeierschrank

220 € Nur Abholung

04. Juni

Ich mache gerne Waldtouren und sehne mich dann des öfteren mitten im nirgendwo nach einer passenden Sitzgelegenheit, dieser Stuhl würde das ermöglichen und passt auch leicht in meinen Rucksack. Würden sie denn Stuhl für 8 Euro mit Versand Zusenden? Gruß [redacted]

Heute 06:43

Hallo Corni,

8€ mit Versand ist mir leider zu wenig.

Alleine die Versandkosten belaufen sich auf 6,99€.

Prinzipiell wäre eine Abholung Wünschenswert, da ich einen passenden Karton nicht habe und der Aufwand zum versenden nicht unerheblich ist, müsste ich 15€ für den Stuhl mit Versand verlangen.

Lg Tobi

Heute 10:44

Fick dich

Heute 10:45

05. Juni

hallo ist diese Handy noch da

10:12

Hallo, ja.

10:15

ist diese Handy noch da

10:16

Nein jetzt nicht mehr. Vor 5 Sekunden war es noch da

10:17

Ok

10:21

06. Juni

Hallo, ist das Bett noch da oder hast du es verkauft?

21:58, 06.09.2022

Falls nicht wäre es ganz cool zu wissen ob noch alles stünde, weil wir uns eine Matratze bestellen würden. :)

22:04, 06.09.2022

Bitte um Antwort damit ich mir ggf ein neues Bett organisieren kann :,)

10:47

Das Bett ist verkauft - steht auch so drin.

11:01

Wtf ich dachte wir haben zum 12.09 abgemacht?

11:23

Ach shit ich sehe gerade dass meine Nachricht nicht ankam.
Das Bett ist nicht direkt verkauft, ich musste es rausnehmen, weil meine Katze in die eine Schublade gepullert hat und das ins Holz gezogen ist. Sorry ich dachte ich hatte die Nachricht abgeschickt.

13:18

07. Juni

Huhu

Wenn wir uns preislich einig werden kaufe
ich dir gerne das iPhone ab

Grüße aus

Do. 03.03.22

Hallo, meine preisliche Vorstellung liegt wie beschrieben bei 715€ . Gegenvorschläge nehme ich gerne entgegen.

LG

Do. 03.03.22

Warum so unfreundlich

Do. 03.03.22

Warum kein gegengebot

Do. 03.03.22

Katharina
Sei mir nicht böse aber
Es liegt an deiner negativen Ausstrahlung

Die kam hier durchs Telefon durch

08. Juni

Hallo. Ich hätte Interesse an der Quatsch

Heute, 10:56

* der Coach

Heute, 10:56

* Comic

Heute, 10:58

Alter was ist das diese scheiß Autokorrektur

Heute, 10:58

Ich hätte Interesse an dem Sofa!

Heute. 10:58

09. Juni

12cm² Zimmer zentral 5min zur S-Bahn Stellingen

510 €

22525 Hamburg Stellingen

vor 2 Tagen 150

10. Juni

Samstag passt mir besser

Heute 18:46

Oder heute abend noch fix?

Heute 18:47

Passt mir leider nicht, Samstag kann ich anbieten da bin ich den ganzen Tag zuhause

Heute 18:48

Ok denn halten wir samstag mal fest wie ein bodybuilder am kabelzug

Heute 18:50

Alles klar

Heute 18:50

Kannst du mir Adresse schonmal geben, damit ich weiss wie weit ich fahren muss, wie ein busfahrer

Heute 18:56

Bei den billig Sprüchen kannst du dir auch dein Sprit sparen, gar kein Bock drauf

Heute 18:58

War doch nur spass haha

Sorri mit i

11. Juni

Würde TV gern kaufen. ..
Wäre 80,- möglich. .
Wo ist es ..kann nacher vorbei kommen

Fr. 07.08.20

150€

Fr. 07.08.20

Mehr als 100,- geht leider nicht

Fr. 07.08.20

Biet 75,- an

Heute 16:16

Wird ja immer weniger 🤦‍♂️

Heute 16:26

Naja Gerät wird auch immer älter

Heute 17:16

12. Juni

Mitfahrgelegenheit du...

Waschstraße 29.10.22

Nur Abholung

92224 Amberg >

25.09.22 968

Ich suche :

Eine Mitfahrgelegenheit durch die Waschstraße in Amberg (Bayern)

Da mich die Waschstraßen schon als kleines Kind sehr faszinieren.

Als Dankeschön für das Mitnehmen durch die Waschstraße bezahle ich gerne das Waschprogramm.

Es wäre sehr lieb !

13. Juni

Hi Sabrina🙂 Hab grad gesehen, dass das Geld angekommen ist. Bin jetzt aber schon in Österreich, ich kann das Paket erst am Montag wegschicken. Hoffe das ist ok. Als Entschädigung bekommst du ein Kuh-Bild

Heute 17:23

14. Juni

Sitz grad beim kacken und denk: das kann ich nicht so stehen lassen... Das ist Kiefer/Fichte/Tanne, schnell wachsende Nadelhölzer und zu den Weichhölzern zählend und nicht Buche! Buche ist ein Hartholz, weils langsam wächst, wird tasächlich gern für (bessere) Möbel verwendet und hat eine wie gestrichelte Maserung.

09:38

😅 Das ändere ich dann natürlich sofort.

Tut mir wirklich leid wenn ich mit der falschangabe des Holzes die Qualität deines morgendlichen Stuhlgangs geschmälert habe.

09:44

15. Juni

Also ist erstmal bis Freitag reserviert, falls dann noch Interesse besteht melde ich mich nochmal 🙂

Di., 27.08.19, 18:33

Schade aber okay Dankeschön:)

Di., 27.08.19, 18:33

Moin, Konsole wurde soeben verkauft, ist also nicht mehr verfügbar. Schönen Tag noch

Heute, 13:56

Dankeschön dann werde ich erstmal masturbieren. Schönes Wochenende

16. Juni

Wie alt?

Heute, 07:39

Ich? 26

Heute, 08:21

Die Maschine

Heute, 08:21

Also doch ich

Heute, 08:25

Bye

17. Juni

Beschreibung

Guten Tag ich bin auf der Suche nach einen mann zum heiraten für meine Freundin .
Er muss tierlieb sein gut mit ihre Freundin auskommen und sympathisch.
Es sollte Liebe auf den ersten Blick sein.
Eine kurze Beschreibung zu ihr ... sie ist nicht groß aber auch nicht klein sie ist nicht dick aber auch nicht dünn sie ist nicht unfreundlich aber auch nicht Freundlich sie ist nicht unsympathisch aber auch nicht sympatisch sie esst gerne Pizza mit Ananas eigentlich ist sie eine ganz nette .
Ihre Vorstellung für ihr Traum mann... perfekt atmen richtig laufen nicht auf die Nerven gehen das war's schon.
Bei Interesse gerne eine E-Mail schreiben mit Foto vielen Dank in vorraus.

18. Juni

Slip-Abo Junior

6 € Nur Abholung

19. Juni

Marwin 30.04.2020

Einen Euro haben ich zurück überwiesen da ich am Abend online frankieren konnte.

30.04.2020

Danke!
Fand die Ehrlichkeit hinter der Rücküberweisung von dem 1€ so gut, dass ich Ihnen mal 4€ überwiesen habe. Ihr nächster Döner (oder was sie sonst so gerne kleines essen) geht auf mich :)

Marwin 30.04.2020

Ehrenmann ❤️

20. Juni

Bei Abholung?

Heute 19:27

Ja

Heute 19:28

Wir spenden das Geld an einen guten Zweck, deshalb wären 50€ toll.

Heute 19:29

Verstehe, dann wünsche ich Ihnen viel Erfolg

Heute 19:29

Was werden sie denn bezahlen?

Würden

Heute 19:30

Nein danke, wenn es für guten Zweck ist, bin ich draußen. Trotzdem danke

Heute 19:30

Ok

Heute 19:30

21. Juni

Danke ! Ist PayPal Zahlung möglich?

Mo. 19.11.18

Ja auch möglich, aber bitte als „ Freunde senden „ damit keine Gebühren entstehen.

Paypal: [redacted]live.de

Mo. 19.11.18

Hallo, besteht noch Interesse oder darf ich es weiter verkaufen ?

Mit freundlichen Grüßen

Di. 20.11.18

Wir sind keine Freunde.

Mi. 21.11.18

22. Juni

Bienenstock Sandalen spiderman

Zu verschenken Versand möglich

23. Juni

Hey du. Das läuft jetzt
wie folgt:

- Ich sag "was letzte Preis"

- Du sagst 50€ Festpreis

- Ich sag " bitte mach 30€ und kein Auge"

- Du sagst "Nein mein Meerschweinchen hat sich verletzt, ich brauch das Geld für die Reha.

- Ich sag " Der ging ins Herz. Okay ich Zahl 40€ bar und hole sofort ab"

- Du sagst "okay läuft" . Wir treffen uns. Handschlag, Bruderkuss und der Deal läuft und wir sparen uns den ganzen Käse hier okay?

Heute, 20:00

Woher weißt du das von meinem Meerschweinchen? 😅

Nein Spaß, können wir gerne so machen . 👍

24. Juni

Hi hat der Traktor Luft reifen

Fr. 27.09.19

Hallo, nein. LG

Fr. 27.09.19

Huhu. Hat er luftreifen?

Di. 01.10.19

Hallo, nein. LG

Di. 01.10.19

Luftreifen?

Fr. 11.10.19

Nein :-)

Fr. 11.10.19

Ich gucke nochmal schnell, ob er Luftreifen hat, warte...

So. 13.10.19

Ähm, sorry nein, keine Luftreifen. War mir jetzt echt nicht mehr sicher!

So. 13.10.19

Ok danke

So. 13.10.19

25. Juni

Wie sind die Maße

Heute 07:23

Fang das Gespräch nochmal von vorne an. Starte mit „hallo" oder „guten Morgen". Du schaffst das

Heute 09:02

Arsch mit Ohren du kannst mich mal

Heute 09:06

26. Juni

Hab Interesse wo muss er abgeholt werden?

Heute 15:38

[redacted] Gartensparte [redacted]

Heute 15:40

Könnten Sie mit helfen würde auch extra was zahlen

Heute 15:47

Leider nein.
Die Steine sind so groß dass ich die nicht angehoben bekomme (ich bin eine kleine Frau 🙈)

Heute 15:49

Blöde Kuh

Heute 15:53

27. Juni

Wirst dann ja sehen, wie lange das Inserat noch drin ist.

Heute 22:05

Ich brauche die Grafikkarte, hast du nun morgen Zeit oder nicht

Heute 22:06

Habe ich mich bereits zu geäußert.

Heute 22:08

Du Hund[redacted] ich jage dich ich komme morgen vorbei

Heute 22:09

Kannst die Grafikkarte ja abholen, wie gesagt.

Heute 22:10

Warum beleidigt man jetzt?

Heute 22:10

War im falschen Chat drin, da war einer der mich beleidigt hat

Heute 22:11

Hahahahahahah

Heute 22:12

28. Juni

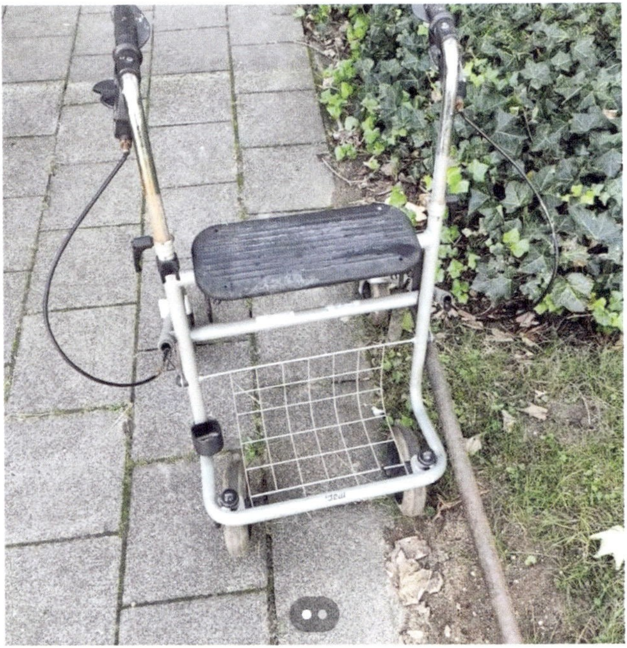

Fahrrad für ältere Menschen

100 € EUR · Auf Lager

29. Juni

Moin,
Was ist letzter Prince?

L.G

Tel. [redacted]

Heute, 15:32

Deutschland hat derzeit keinen Prinzen.
Aber es gibt den 1976 in Bremen geborenen Georg Friedrich Prinz von Preußen.
Kommt dem ja recht nah.

Ich hoffe, dass ich Ihnen behilflich sein konnte.

Heute, 15:34

! ?

Heute, 15:40

30. Juni

Bisexuelles 28 Zoll City Bike -
Scheibenbremse u. Nabenschaltung

99 € VB

01. Juli

Arschloch-Drucker zuverschenken

Zu verschenken Nur Abholung

75223 Niefern-Öschelbronn

Heute, 14:39 21

Art Drucker & Scanner

Wollt ihr mal einen richtigen Arschloch-Drucker haben? Dann holt Euch den bei mir ab.
Wenn er Lust und einen guten Tag hat dann druckt er mal. Wenn er ganz lustig drauf ist macht er rote Striche auf die Seiten. Keine Ahnung was der für ein Problem hat..... vielleicht ist ja ein Druckertherapeut unter Euch.

02. Juli

Hey! Würde es dür 60 abholen kommen :)

Lg

Heute 12:48

Hallo,
danke für das großzügige Angebot.
Danke, aber nein danke!
Lg

Heute 12:50

Sie verkaufen hier ohne Steuern zu zahlen !!!!! Ich bin vom Finanzsamt

Heute 12:53

Super dann wissen sie mit Sicherheit auch, dass Privatverkäufe Von alltagsüblichen Gegenständen steuerfrei zu verkaufen sind, Bzw es bei nicht alltäglichen Gegenständen eine steuerfrei Grenze von 600 € gibt!
Falls sie das nicht wussten, habe ich natürlich gerne ausgeholfen!
Einen schönen Tag noch!

Heute 13:12

03. Juli

Hallo. Bei Versand nach Köln nehme ich die Kamera gern. Lg Marco

20:43

Hätten Sie jetzt belegen gesagt wer ist okay aber Köln geht nicht

Berlin

Kann leider nicht nach Köln senden

20:48

🤣🤣 et es wie et es..

20:48

Ich kenne die Postleitzahl von Köln nicht .sorry

Aber ich wünsche Ihnen viel Glück

04. Juli

Hallo [redacted] 🙋🏼‍♀️
Falls der unwahrscheinliche Fall eintreten sollte und du die Konsole für 600€ verkaufen magst, würde ich sie gerne sobald du magst abholen/kaufen.
Mein Freund hat zu Weihnachten seine PS4 seiner kleinen Schwester geschenkt, weil er dachte die 5 schnell zu bekommen. Pustekuchen 😅 nun versuchen wir es vergeblich bei jedem Drop.
Wir kommen aus Pulheim bei Köln und hätten es dementsprechend nicht weit, zumal wir aktuell Urlaub haben.

LG Sonja

Heute 18:35

Danke ich möchte so viel Text nicht lesen

Schönen Abend

Heute 18:44

05. Juli

12 Personen Zelt

20 € Nur Abholung

06. Juli

Luca Heute, 13:38

Hi, gilt das Angebot noch? LG :)

[redacted] Heute, 13:56

Bitte einmal anständig dafür bewerben

Luca Heute, 14:10

Sehr geehrter [redacted] mein Name ist Luca und ich habe schon mein ganzes Leben davon geträumt, Ihre Nintendo Switch abkaufen zu können. Meine besonderen Stärken sind Kreativität, Belastungsfähigkeit, Ehrgeiz, Teamfähigkeit und Kreativität. Ich freue mich schon auf unsere zukünftige gemeinsame Transaktion. Bis Bald und mit freundlichen Grüßen, Luca.

07. Juli

Canyon Torque FRX Downhill Bike...

Art	Weitere Fahrräder & Zubehör
Typ	Mountainbikes

Beschreibung

Verkaufe von meinem 13-Jährigen Sohn, das Bike, welches hier nur rum steht, da er beschlossen hat, fett zu werden. Für das Geld kaufe ich Ihm Süßigkeiten, damit das schneller geht. Wir selber haben das Bike vor einem Jahr fast neuwertig gekauft, seitdem hat das Teil keine 50km gelaufen, ich denke die meisten Kilometer geschoben. Technisch einwandfrei, das Bike hat natürlich den ein oder anderen Kratzer. Bremsen sind brutal, da hat es den Mops fast aus dem Sattel gehoben.

08. Juli

Drei Klappstühle

10 € · 24626

Die Stühle sind klappbar und in einem guten Zustand.

09. Juli

Nein das Handy funktioniert ohne Probleme. Sie können es gerne auch testen

Heute 22:14

Wäre es in Ordnung wenn ich das handy zuhause bei mir testen wurde für ein Tag und wenn es mir gefallen sollte würde ich es am nächsten Tag zahlen

Heute 22:16

Nein damit wäre ich nicht einverstanden. Sie könnten es vor ort so lange sie wollen testen

Heute 22:17

Ich wurde auch mein Hund bei ihnen zuhause lassen als Pfand

Heute 22:18

10. Juli

Würdest du mir den Preis runter gehen

Gestern 01:39

Ab wieviel hast du denn gedacht?

Gestern 05:55

109€

Gestern 14:31

Nicht dein Ernst oder 😨

Gestern 14:31

114€?

5 habe ich noch von Oma bekommen

Kann morgen mein Cousin fragen ob er mir noch 2-3€ leiht

Heute 01:54

Dein Cousin soll dir noch 121€ leihen dann kommen wir ins Geschäft

Heute 02:01

11. Juli

Können auch tauschen gegen Simson s51

Nicht

Heute 16:32

Wie gesagt nur Bargeld ! In diesem Sinne, mögen dir beim Händewaschen die Ärmel runter rutschen. Lg

Heute 16:33

Ich hoffe dir fällt der Löffel beim Müsli essen in die Schüssel

Heute 16:34

Wünsche dir eine schöne rest Woche und 14 Tage Durchfall ohne Klopapier

Heute 16:35

Ich hoffe dir kommt beim duschen Shampoo ins Auge

Heute 16:36

möge deine Nase jucken wenn du beide Hände voll hast.

Heute 16:38

Gleichfalls

Heute 16:39

12. Juli

Hallo ist es noch verfügbar?

Hallo ist es noch verfügbar?

Heute 19:05

Ja

Heute 19:08

Hallo ist es noch verfügbar

Heute 19:44

Haben sie einen Schlaganfall?

Heute 19:45

13. Juli

SNES Spiel Moral Kompott 2

90 € Versand möglich

14. Juli

Tauschen sie auch gegen einen
Rasentrecker?
Kann in Leezdorf abgeholt werden

Heute 12:45

Sehr geehrte Damen und Herren,

Wenn ich das richtig verstehe, wollen sie einen Rasentrecker gegen ein 16.999€ teures Auto tauschen und wir sollen den Trecker abholen?

Mit freundlichen Grüßen

Heute 12:47

Ja

Heute 17:05

Ist der aus Gold?

Heute 17:05

Nein der ist Rot

Heute 18:11

15. Juli

Hallo was wiegen die Kisten wenn die
voll sind?

13:56

Kommt ja drauf an womit die voll sind...
Mit Bananen 23,16kg

13:57

Ich hab mal bei ein Umzug geholfen
und alle Kisten waren zu schwer darum
willl ich wissen wie schwer diese sind.

13:58

Leer sind sie leicht und voll kommt es
auf den Inhalt an. Kissen sind leicht,
Bücher sind schwer...

13:59

Ja und in Durchschnitt wie schwer

14:00

50kg. Immer 50kg

14:01

ne dann sind die mir zu schwer. Schade

16. Juli

Was ist der letzte Preis?

14:39, 25.07.2020

Lieber ebay-Kleinanzeigen Nutzer,

Ihre Nachricht konnte leider nicht zugestellt werden, da Sie die erforderliche Mindestanzahl für Wörter und Satzzeichen nicht erreicht haben. Subjekt, Prädikat, Objekt sowie Begrüßung, Anrede, Bitte, Danke etc. fehlen. Bitte versuchen Sie es doch zu einem späteren Zeitpunkt noch einmal.

Mit freundlichen Grüßen Ihr
ebay-Kleinanzeigen Team

14:43, 25.07.2020

Guten Abend, ich wollte wissen was ihr letzte
Preis fürs Auto ist , Danke.
Lg

17. Juli

50

Heute 20:01

70

Heute 20:01

50

Heute 20:02

70

Heute 20:02

55

Heute 20:03

65

Heute 20:03

55

Heute 20:03

65

Heute 20:04

60

Heute 20:04

Okey

Heute 20:04

18. Juli

Ich gebe dich 300 Euro letzte preis

02:12

800

10:59

Wucher...... 400...... Sie Sucuk

11:01

Kartoffelnase

11:03

Krumbuckeliger Hustensaftschmuggler

19. Juli

Was kostet ? .

Heute, 05:29

Guten Tag.
Ihre Anfrage konnte leider nicht gesendet werden.
Bitte senden Sie mindestens 25 Satzzeichen.
Ihr eBay-Kleinanzeigen Team

Heute, 09:49

Was kostet ? . Was kostet ? .
Was kostet ? .Was kostet ? .

Heute, 10:57

20. Juli

Würden Sie das Objekt auch für 150 Tausend Euro verkaufen?

Heute 12:50

Aktuell spreche ich gerade mit jemandem, der das geschenkt haben will. Wenn der das nicht nimmt, können wir gern weiter verhandeln.

Heute 12:52

21. Juli

Ich suche jmd der sich auch unter der
Woche die Bibel weg betet

36433 Bad Salzungen ›

22. Juli

Hallo das ist noch zu haben

Gestern 10:19

Hallo
Ja es ist noch da

Gestern 10:23

Ja ok wann haben Sie Zeit

Gestern 10:26

Heute um 13 Uhr ?

Gestern 10:27

Um 17:00 uhr geht

Gestern 10:29

Ja würde auch gehen

Gestern 10:30

Ok dann ich komme um 13:00 uhr

Gestern 11:10

23. Juli

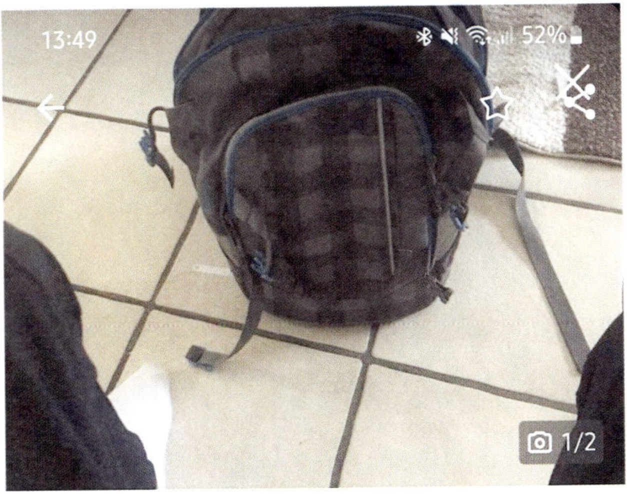

Rocksänger

20 € VB Nur Abholung

24. Juli

Alles klar sage Bescheid sobald das
Paket versendet ist und schicke Ihnen
dann die sendenummer

Mo. 03.06.19

top

Mo. 03.06.19

hi, ist das paket schon unterwegs?

Fr. 07.06.19

Hallo,

gibt es eine
sendungsverfolgungsnummer ?

Mi. 12.06.19

Sry war in Untersuchungshaft

Do. 13.06.19

Schicke Ihnen das Paket heute zu ich
bitte um Verständnis

Do. 13.06.19

25. Juli

Ich biete nix an

Super, ich suche schon lange nach nix. Noch da?

Heute, 13:21

Das ist gut hätten sie intresse daran

Heute, 13:23

Na aber sicher. Hoffe kommt nix mit der Post oder muss ich es abholen?

Heute, 13:24

Wie sie möchten kann nix verschicken oder ab Samstag nix abzuholen

Heute, 13:25

Samstag passt mir nicht, da hab ich schon nix vor. Post wäre super, freu mich immer wenn nix kommt

Heute, 13:26

26. Juli

Nehme alles für 140€
inklusive Versand

So., 23.09.18, 21:21

Der Festpreis für alles ist 200€

So., 23.09.18, 21:38

Zeig Herz Bruder, ich hab ned
so viel Geld

Gestern, 21:01

Sorry, ich brauch das Geld auch.
LG

Gestern, 21:08

Komm Habibi bitte ich mochte
die bitte haben.
Möge dein Kopfkissen die
Nacht auch besonders weich
und flauschig sein.

Heute, 12:28

27. Juli

würden sie es für 40
verkaufen würde es morgen
abholen

Heute, 19:19

60 minimum

Heute, 19:24

ne zu viel da zahle ich bei
jemand anderen lieber 10 Euro
mehr und Krieg gute Spiele die
nicht in 20 Jahren erst was
wert sind du kek

Heute, 19:26

Tschüss :)

Heute, 19:27

ich werde deinen onkel sexuell
verführen

Heute, 19:27

28. Juli

Hey guten Abend

Tel.[redacted]

Heute, 18:26

Warum geben sie es weg?

Heute, 18:26

Guten Abend, Es wurde nur einmal getragen und lag seitdem im Schrank.

Heute, 20:24

Hat sich vorhin erledigt, meine Frau ist zu ihrem Lover abgehauen. Sorry

29. Juli

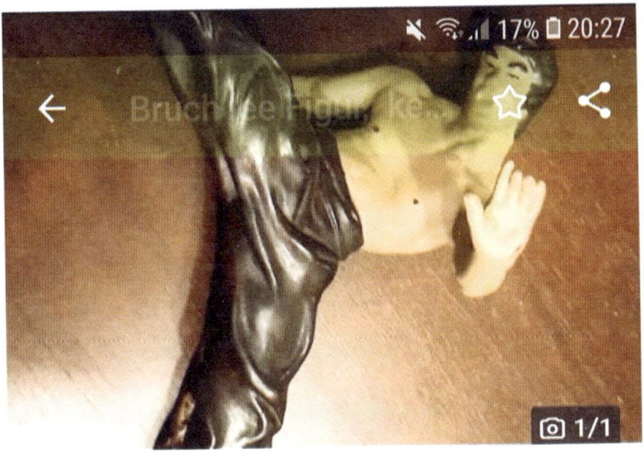

Bruch lee Figur, keramik, einwandfrei 12

12 € Nur Abholung

30. Juli

Hallo
Geht bitte 300€?
Paypal?

Gestern 19:19

300 ist zu wenig

Gestern 19:2

Wieviel wäre ok?

Gestern 19:25

Würden Sie antworten??
Ich starre nun seit 1 std aufs Display

31. Juli

Renate Twingo

500 € VB

01. August

Hallo ich würde diesen Artikel gerne für 20€ erwerben da ich momentan Harz 4 bekomme wann kann ich es abholen? Danke

Di. 25.10.22

Hallo, das ist mir zu wenig. Ich bekomme selbst Leistungen vom Amt.
Liebe Grüße

Di. 25.10.22

Sei doch kein Geier dann weißt du doch wie schwer das Leben ist

Heute 13:01

02. August

ICH BIN EIN ANTIKES URWESEN ICH
BIN SOWOHL SCHÖPFER ALS AUCH
RICHTER ICH BIN DIE FINALE FORM
ICH BIN UNVERMEIDBAR
MEGATRON IST MEINE PUTZE
NATÜRLICH UNTERBEZAHLT ICH BIN
EIN LEGENDÄRES ULTIMUM EIN
TESTOSAURUSREX
Gruß [redacted]

Gestern 22:35

Aha, und jetzt?

Heute 9:26

03. August

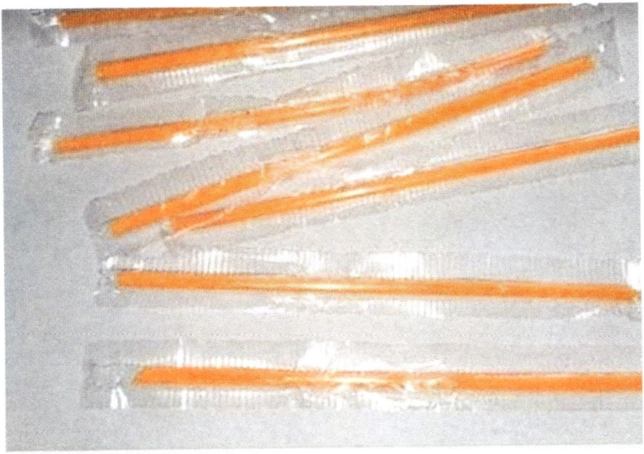

Capri sun Strohhalme

290 € VB + Versand ab 6,75 €

04. August

Grüße
Würden sie noch TÜV machen?

Heute 13:37

Nein

Heute 13:40

Spast

Heute 14:03

05. August

Hallo ich würde es gerne abholen kommen

18:49

Hallo Erhard, sehr gerne, wann denn?

18:53

Morgen

Ich brauche ihre Adresse

19:27

Wann denn morgen?

19:36

5 km

19:41

Stecke im Stau

Ich komme einfach am Samstag

Die Autobahn ist ja vollgespert

Ich fahre wieder zurück

19:45

06. August

Ist das ein 3-Teiler?

Heute 11:35

Hallo, ist ein 2-Teiler
Passt das auch?

Heute 11:37

Leider nicht
Danke trotzdem

Heute 11:38

Alles klar
Schönen Tag

Heute 11:40

Halt die Klappe

Heute 11:40

07. August

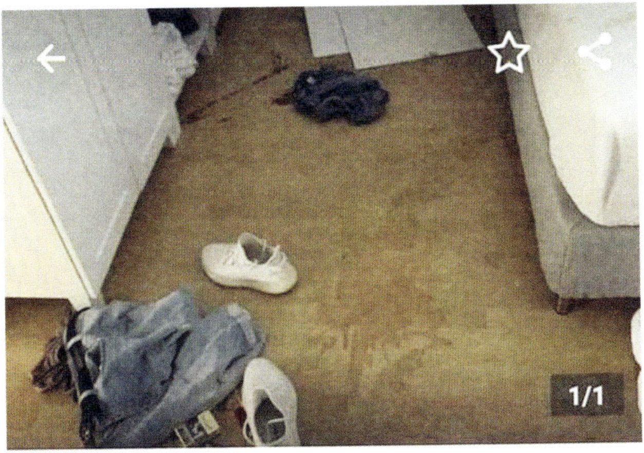

200€ für wischen (harte Nacht)

Zu verschenken

Art Reinigungsservice

Hallo ich hatte eine richtig durchtriebene Nacht sowas passiert mir nie ich hab leider alles voll gekotzt und das muss nun wieder sauber gemacht werden da ich in einer Wg wohne und wirklich absolut kein Bock habe 200 € für sauber machen geht ganz schnell ist aber widerlich tut mir leid

08. August

Huhu
Ich war schon länger auf der suche nach so einem bett und bin jetzt fündig geworden 😍
Ich wäre bereit das bett abzuholen
Eine frage noch: die sticker können doch abgezogen werden nicht wahr?
LG [redacted]

17:46

Hallo,
Ja die können abgezogen werden.
Wann könnten Sie denn kommen?

17:47

Ich würde mir wünschen,dass sie ein bisschen freundlicher mit mir reden und einen etwas längeren text verfassen so wie ich bei ihnen
Ich möchte das bett nicht mehr

09. August

Moin moin werter Xbox-Liebhaber,

Sofern Sie mir den Zuschlag für 550 Euronen geben könnten, würde ich sofort mein Ross satteln damit ich nach geschätzten 25 Minuten Strecke bei Ihnen eintreffen würde. Auch ein Sechserträger der bekannten Trunkschänke aus dem Hause Krombach würde die Reise mit mir gemeinsam antreten.

Dunkle Grüße aus dem Sauerland!

Heute 18:34

Kreativität soll belohnt werden.
Gerne würde ich das Angebot annehmen, falls die Reise noch nicht in andere Richtung gestartet ist

Heute 19:13

10. August

Gewichte a 5 kg

5 € Nur Abholung

44149 Innenstadt-West >

Heute, 13:24 6

Art	Fitness

12 Stück zu verkaufen a5€
Wer alle nimmt 100€

11. August

1,00€ würde ich ihne pro dvd geben das wären dann 30€

12:41

Nein danke. Lg

12:41

Äok dan nicht .denke das sie wie alle anderen zu viel Geld dafür haben wollen, warum seit ihr denn alle so Geld geile arschlöcher

Der Blitz soll euch beim scheissen treffen

12:42

Und dir soll das Klopapier beim übelsten dünnpfiff ausgehen. LG

12:43

12. August

Hallo,wieviel bezahlen Sie den für 2 Stunden?
Viele Grüße

Do. 20.10.22

Hallo, für zwei Stunden 25 Euro

Heute 07:31

das hört sich schon nicht schlecht an,aber aufgrund ihres namens und standortes habe ich mir erlaubt in ihr facebook-profil zu schauen und da möchte ich ihnen gerne meinen exklusiven putzservice für die reife dame anbieten(50+) und zwar putze ich nackt(ich habe den körper eines adonis)nur bekleidet mit cowboyhut und cowboystiefeln(alternative wäre feuerwehrmann den indianer musste ich wegen political-corectness aus dem programm nehmen)
für 50 euro die stunde zuzüglich sozialleistungen,fahrkosten und fies-vor-nix zulage
wäre das etwas für sie?
über eine rückantwort würde ich mich freuen

Heute 08:04

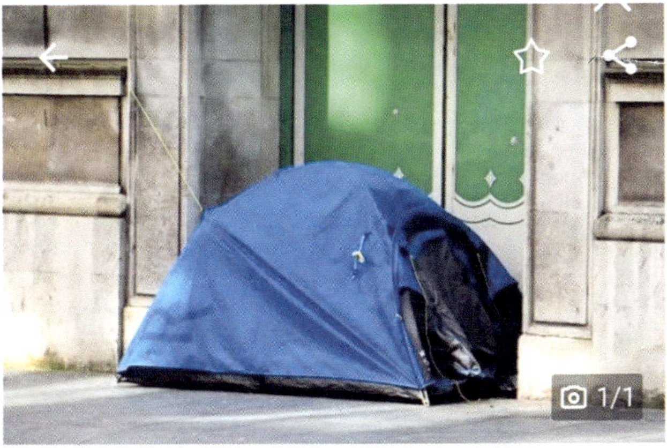

Wohnung in zentrumsnaher Lage

400 €

49088 Osnabrück

14. August

Schönen guten Tag ,
Ich suche für meine Freundin und mich einen schönen Platz zum Leben.
Ich habe mir ihre Wohnung angesehen und wäre sehr daran interessiert.
Mit freundlichen Grüßen
[redacted]

09:27

Guten Morgen, Leider möchte meine Vermieterin lieber alleinstehende Personen als Mieter haben,
Trotzdem noch viel Erfolg bei der Suche

09:28

Das wäre für mich auch kein Problem

10:58

15. August

Hallo. Ich habe 300 EU und freue mich über eine Zusage.

14:30

Hallo, dann kaufen Sie sich doch dafür einen Bollerwagen. Mehr gibt es für 300 Euro kaum.

14:34

Annette bitte beruhigen sie sich

14:35

16. August

Bitte nicht falsch verstehen das ist mein Büsche wenn nicht dann habe ich Pech gehabt !? Lg

Heute 14:49

Das ist ihr "was"? 😅

Heute 14:49

Büsche

Heute 14:50

Was heißt das?

Heute 14:50

Das ich nicht mehr ausgeben kann !!

Heute 14:51

17. August

500€ und ich hole am Wochenende ab.

Heute 10:49

Für 500€ kannst du ne Schraube bekommen die sich aus deinem Kopf gelockert hat

Heute 10:51

1:0

Heute 10:54

18. August

Discount DJ

10 €

82024 Taufkirchen München >

Servus.

Ich bin hauptberuflich DJ, aber leider habe ich nie den Durchbruch geschafft. Vor 10 Jahren habe ich noch davon geträumt auf dem Tommorowland aufzulegen. Heute ist das einzige was ich regelmäßig auflege der Telefonhörer, wenn ich wieder für Oma Gerda's 80 Geburtstag gebucht werden soll.

Aber ich glaube eine Marktlücke erkannt zu haben. Wenn ich nicht 1x für 50.000€ auftreten kann, dann trete ich eben 5000x für 10€ auf.

Beispiel: Ihr fahrt häufig Auto? Ich komme als Beifahrer mit, steure eure Playlist und mache dabei coole DJ Geräusche und Bewegungen.

Ihr habt ein Sit in? Ich wähle für euch neue Songs bei YouTube aus und überspringe die Werbepausen.

Ihr hört gerne Hörbücher zum Einschlafen? Ich komme und mache es aus sobald ihr eingeschlafen seid.

Kosten = 10€ pro Job.

Anmerkung:
Ich spiele alles außer Helene Fischer.
Weil einige gefragt haben: Nein, ich bin nicht Florian Silbereisen!

19. August

Bräuchte bitte noch ihre Adresse

15:38, 07.05.2020

Geld ist überwiesen👍

19:38, 07.05.2020

Ok super wenn das Geld drauf ist versende ich, ich bräuchte nur noch ihre Adresse🙂

20:07, 07.05.2020

Ne ist Privat..

13:55, 08.05.2020

Wo soll ich es dann hinschicken?

20. August

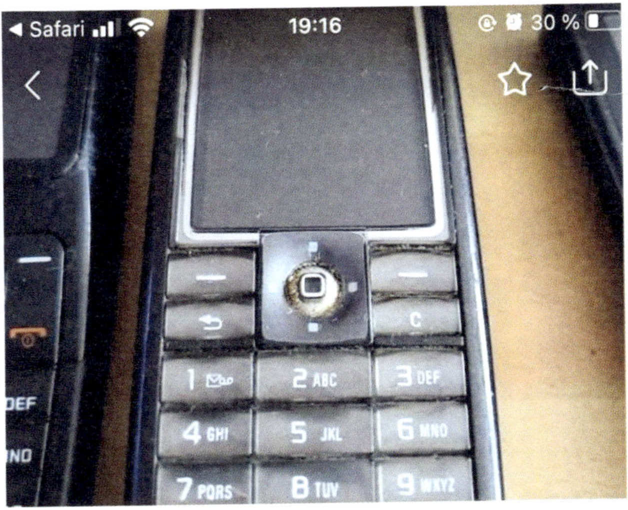

Sony Erektion

20 € Versand möglich

21. August

Moin
Ich suche für meinen Sohn einen defekten Nintendo Switch.

Er ist faul und erledigt seine Aufgaben widerwillig und schlampig. Er zockt lieber als seinen Kram ordentlich zu erledigen.

Was will ich jetzt mit einem defekten Switch?
Ich will sein Gesicht sehen, wenn ich vor seinen Augen mehrfach mit dem Auto drüber fahre um ihn ein bisschen zu schocken.

Bin über Angebote dankbar.

22. August

DU hast kein Die Ärzte Ticket bekommen?

Zu verschenken

78048 Villingen-Schwenningen >

Tja Digger... Dann bist du kein guter klicker.... Ich hab meine vier Tickets ehrlich und ordentlich geklickt.

Nein die bekommst du nicht.

Damit dir sowas aber nicht nochmal passiert melde dich doch das nächste mal vorher bei mir...
Für 50€ klick ich dir Tickets von was auch immer...
Bei Misserfolg brauchst du nicht zu zahlen....
Bei Erfolg überweist du mir exakt den Ticket Preis + n fuffi für fucking fast clicking...

Ich klick schneller als mein Schatten.
Sir klick a lot.
2 fast 2 klickious

23. August

Orange Ute

7 €

24. August

Ich hab allerdings nichts, worin ich die Gläser einpacken könnte, kann sie dir nur so mitgeben

Heute, 15:06

Sorry, muss dir absagen :-(

Wollte eben starten und im Auto saß eine super überdemensionale spinne... Ich hab versucht sie zu erschlagen, aber die war zu schnell und ist unter den Sitz geflüchtet. Hab mega Angst vor Spinnen und kann nun leider nicht kommen.

Sorry!

Heute, 15:43

25. August

Tintenstrahldrucker, Cornelia Funke

6 € Versand möglich

71116 Gärtringen >

26. August

Warum verkaufte du, wenn die noch so
gut in Erhaltung seim sollen

Gestern 23:05

Hatte mit dem Wagen einen Unfall und
hab mir ein neues gekauft

Gestern 23:06

Neu immer besser

Gestern 23:11

Ist wie mit frau

Gestern 23:12

27. August

Hey geile Schuhe aba hab kein Geld
Hast du Bock zu schreiben ? Mir ist langweilig ._.

Heute 19:28

Schade, ja wegen mir können wir schreiben 🤔

Heute 19:31

OK Nice
Was machst du so ?

Heute 19:31

Überlegen warum du über eBay Leute anschreibst zum chatten

Heute 19:32

Sonst schreibt keiner mit mir 😂

Heute 19:32

Wieso denn das?

Heute 19:33

Keine Ahnung
Keiner is online

28. August

Hi,80€ ...biete ich. Gruss

Tel.:[redacted]

Di. 09.04.19

Hi 😂😂😂😂😂😂😂 lächerlich

Di. 09.04.19

Liber Herr.[redacted],sieht noch einmal Ihre Auto,sein erlich mit dir, das Auto hat mehr als 50 euro wert? So viel roßt ich wundern mich die polizei hat nicht noch einmal din Tüv untersuchung geschickt . Man das Auto hat inspiriert Shakespeare wann hat Hamlet geschrieben, der hat inspiriert der Regizor von Titanic (James Cameron), ist vielleicht einem von die Mad Max 3 ,einem von diesel Autos. Dein Auto ist super iese Museum möchte die haben. Gruss[redacted]😎

Di. 09.04.19

29. August

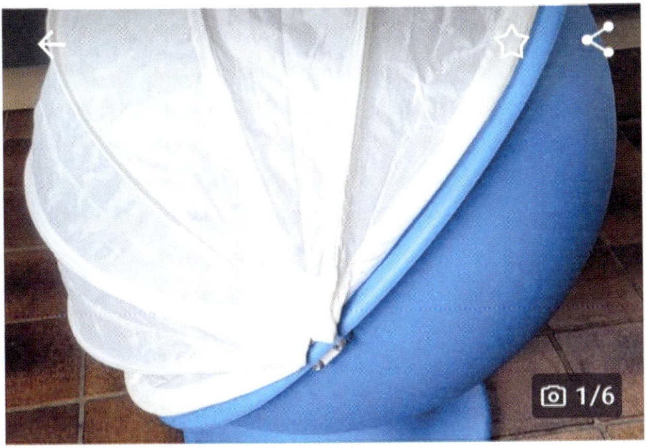

Ikea Kinderarzt

25 €

30. August

Guten,
um welches Fahrzeug handelt es sich?

Heute, 11:16

Moin. Wie meinen Sie das? Steht doch in der Anzeige .

Heute, 11:18

Ja das es ein Ford ist seh ich auch. Aber welches Modell???

Heute, 11:19

Ka

Heute, 11:21

Wie keine ahnung? Sie müssen doch wissen was sie verkaufen??

Heute, 11:22

31. August

Brautschlauch

Zu verschenken Nur Abholung

Heute, 13:14 3

Art Weiteres Küche & Esszimmer

Brautschlauch ,zu verschenken. Angebrochene Packungen, ist aber noch einiges drin.

01. September

Zahle dir 1300 € ohne zu reden

16:18

Ich beherrsche leider keine Gebärdensprache, jedoch ist mir das Morsealphabet geläufig.

__. _.. __. __.. __.. _.. _. ___...

_....__..__._.._...__....___.

16:21

Melde das Kleinanzeigen

Habe jetzt Screenshot gemacht werde das über Kleinanzeigen melden dass sie sich über andere lustig machen

16:25

02. September

Hallo,

ich interessiere mich für 2 Schallplatten aus ihrer Liste:
Beatles - Abbey Road
Fleetwood Mac

Was würden sie denn kosten?

Heute 01:40

Sag mal bist du normal dass du so spät schreibt

Hast du eine Macke oder was?

Heute 01:40

Verpiss dich

Heute 01:42

03. September

Playstation 5 PS5 PS 5 digital version

Kostet die nicht 400€?

Heute 14:08

https://de.m.wikipedia.org/wiki/Nachfrageüberhang

Heute 14:09

https://de.m.wikipedia.org/wiki/Wucher

Heute 14:10

https://de.m.wikipedia.org/wiki/Traurigkeit

Heute 14:11

https://de.m.wikipedia.org/wiki/Fotzenhaftigkeit

Heute 14:12

https://de.m.wikipedia.org/wiki/Pubertät

Heute 14:12

04. September

Guten Morgen wir interessieren uns für ihre Anzeige und wollten uns informieren ob er noch ein schönes zu Hause sucht.

Mit freundlichen Grüßen

Heute, 07:41

Sind Sie Menschen ?

Heute, 11:10

Nein bin ein Nashorn und meine Freundin ist ein Regenbogeneinhorn

Heute, 11:17

05. September

Ich kaufen das Auto
Was ist letzter Preis

21:43

Guten Tag. Was wären Sie bereit zu bezahlen?

21:50

980€

21:51

Ist das nicht etwas viel? Wir wollten nur 680€ haben :)

21:52

Ok. Dann möchte ich Auto nicht kaufen

21:53

06. September

Hei tauscht du auch ?

Heute 17:53

gegen was?

Heute 18:06

Ne ps4 1tb?

Heute 18:06

die von mir ist doch auch eine 1 tb ps4 😅

Heute 18:28

Meine is aber ne normale keine pro

Heute 18:30

ja aber wieso soll ich gegen eine schlechtere tauschen 😅

Heute 18:30

Kann ja sein das du dumm bist

Heute 18:43

lol

lost

07. September

Darmstiefel

12 € Versand möglich

08. September

1000 kan ich anbieten mfg

Tel.[redacted]

Mo. 01.04.19

Für was?

Di. 02.04.19

Die felgen

Di. 02.04.19

Also erstens verkaufe ich hier keine Felgen und zweitens glaubst du doch wohl nicht ernsthaft, die Räder von dem Bild für 1000€ zu bekommen 😂🤦

Di. 02.04.19

Was bist so ungut ?

Heute 08:21

Du koffer

Heute 08:22

09. September

Ich mache Telefonate für euch! (Termine, Bestellungen, etc.)

3 € VB

Vor 4 Tagen 12

Du musst einen Termin beim Doktor machen, willst einen Tisch reservieren, Essen bestellen oder einfach irgendwo etwas nachfragen aber traust dich nicht weil die Anxiety mal wieder kickt?

Kein Problem!

Schick mir einfach eine Nachricht mit allen nötigen Infos und ich übernehme das für dich!

Gerne auch über WhatsApp

3€ pro Anruf - nur per PayPal.

10. September

Gitarre von Elvis Presley

32.500 € VB

45478 Mülheim (Ruhr) >

Heute, 16:47 67 ID: 2315962335

11. September

Zu verkaufen tiefergefühlschrank

230 € VB Nur Abholung

12. September

Hallo , würden Sie die Hose auch für 25,-€, inklusive Versand verkaufen? Dann hätte ich Interesse?!
Gruß
W. P.

Heute 19:49

Moin. Nein 3,99 Versand kommt extra dazu.

Heute 21:11

Ok, und 32,-€ inklusive Versand? Dann hätte man den Versand geteilt!
Gruß
W. P.

Heute 21:38

Ja geht in Ordnung wollen Sie über Paypal zahlen?

Heute 21:42

13. September

So viel habe ich tatsächlich nicht mehr ich habe tatsächlich 100 Euro

Gestern 21:10

?.???

Gestern 21:14

Bitte um eine kurze Rückmeldung

Gestern 21:17

Wann könnten sie es abholen ?

Gestern 21:20

Muss ich abklären

Wegen Auto

Gestern 21:21

Schon verkauft?

Oder wieso gelöscht

Heute 07:58

Verkauft

Heute 10:08

Ich werde sie anzeigen, wir haben gestern Abend um 21:20 Uhr einen Kaufvertrag geschlossen, in dem sie mich gefragt haben für 100,00 Euro wann ich es abholen könnte, ich sagte ich muss es abklären, wegen auto! Ihnen fehlt nichts besseres ein als wem anders zu verkaufen ob wohl ein bestehender Kaufvertrag geschlossen wurde! Da ich bei der stadt arbeite einen Beamten Tarif habe, werde ich sie zur Rechenschaft ziehen!

14. September

ist das für muskeln?

lg (liebe grüße) [redacted]

01:37

Nein für kranke Katzen die sowas wie nierensteine haben

05:39

geht das auch für mich?

12:20

Das ist Katzenfutter

12:21

15. September

Diese Steine sind alle nicht aus Kristall, sondern nur aus Glas. Gerade bei dem niedrigen Preis! Selbst Swarovski hat noch nie Kristall hergestellt. Die haben nur herausgefunden, wie man Glas schleifen kann, damit es aussieht wie Kristall. Kristall enthält Blei, und ist sehr hart, für Glas gilt beides nicht. Das war schon bei "Bares für Rares", Experte Detlef Kümmel.
Sie sollten Kristall aus dem Titel entfernen!
Das Dekor heißt Crackle-Design!
Das ist Strass!

21:06, 12.05.2020

Das ist VORSÄTZLICHER BETRUG – EIN STRAFTATBESTAND!!!

06:48, 13.05.2020

16. September

Barbie und die drei Muskelrisse

3 €

17. September

Hallo, ich interessiere mich für Ihre drei Stühle.
Leider weiß ich nicht, ob diese zu unserem Esstisch und den schon dazu gehörigen Stühlen passe . Wäre es möglich, dass ich mit meinem Esstisch und einem Stuhl zu ihnen komme, um es einmal Probe zu stellen? Das wäre sehr nett. VG
[redacted]

Heute 15:49

Hallo, sie wollen mit ihrem Esstisch vorbei kommen?

Heute 16:23

18. September

Hallo! Ist der Gasherd voll funktionsfähig und was für Funktionen hat der Backofen? Liebe Grüße

Heute 09:58

Backen

Heute 10:00

19. September

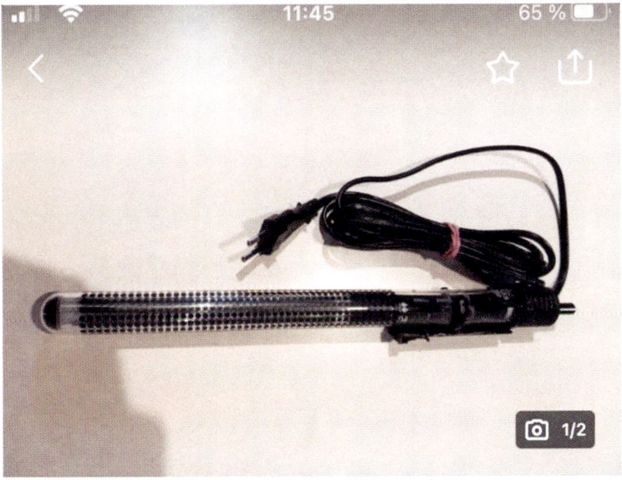

Heinzstab 300W

20 € + Versand ab 6,99 €

20. September

2x Chris Brown Tickets München SIT...
[redacted]

Reservieren | Gelöscht

Hallo, sind die Tickets noch zu haben, hab Perle die auf Chris brown steht und will punkten.

Heute 07:56

Hi, ja Tickets sind noch zu haben

Heute 09:14

Kannst einem Bruder beim klären helfen und den Preis besser machen

Niedriger?

Muss vorher noch Friseur, Flasche Vodka und Tank nach München

Heute 09:18

Haha klar
Holst du die Tickets ab oder muss ich sie dir schicken ?

Heute 09:18

21. September

Hallo Wilhelm,
Ist die Katzenhöhle noch da?
Ich könnte sie heute abholen.
Liebe Grüße
Alina

Heute 12:49

Hi. Man mein Freund hat schon wieder meinen Kleinanzeigen Namen geändert um mich zu ärgern 😅 Ist noch da, kannst gerne heute abholen. LG Julia

Heute 13:01

22. September

Hi
Hat die Küchenkrümel welche machen
Gruß Aleks

10:14

🤣🤣🤣🤣🤣🤣

10:17

Sorry wollte fragen ob die Küche irgend
welche Macken hat

10:17

23. September

Spülbecken mit Syphilis

Zu verschenken Nur Abholung

13088 Weissensee >

24. September

Biete nette kleine Spülsabine

15 € VB

25. September

Hi passe ich da rein oder nicht so

Heute, 13:38

Die Gurte sind alle verstellbar, von daher schätze ich mal, dass die meisten Menschen den tragen können

Heute, 13:40

Passe ich in ihrem Rucksack hinten rein

Heute, 13:41

Also manchmal wenn ich mit meinem Freund ins Kino gehe und wir nicht so viel zahlen wollen, klettert er hinten in den Rucksack. Er ist 1,70m groß. Ist bisher auch noch niemandem aufgefallen.

Heute, 13:51

Ok

Heute, 13:52

26. September

Wow ,
Die hab ich ja schon lange gesucht
kostet einer 25 Euro ?

Gestern 15:39

Moin! Nein, dein Glückstag, 25€ für beide zusammen.

Gestern 16:18

Mist

Gestern 16:33

27. September

Von mir aus würde es passen.
Können Sie mir noch die Adresse geben?

Gestern 17:28

[redacted]

Gestern 17:33

Ich bin dann so ca. um halb 1 da.

Gestern 17:36

Ok

Gestern 17:37

Ich bin schon da.

Heute 00:30

Ich meinte 12:30 und nicht 0:30

Heute 05:03

28. September

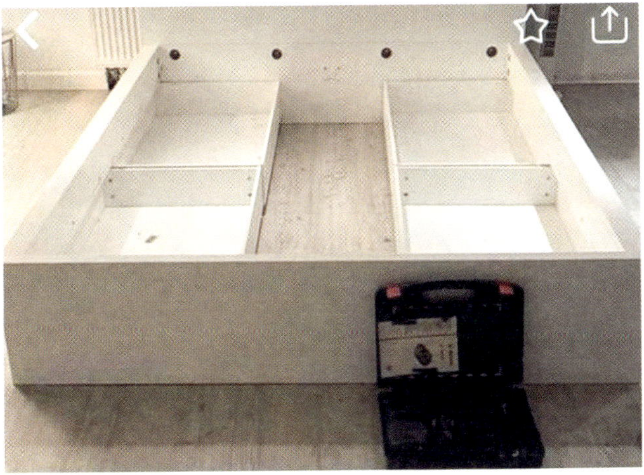

Ikea Bett, was für zu kurzer Titel eBay du hu....

Zu verschenken

29. September

Wann kommen Sie?

Heute, 18:56

Bin auf den weg

Heute, 19:12

25 min

Heute, 19:16

Warum sind Sie nicht gekommen?

Heute, 20:18

Hab kein auto

Heute, 20:23

30. September

Vermittelt • **Wenn sie dich Vogel**

30 €

01. Oktober

How much is the Fish?

Heute 20:32

Yeeeeeeah, come on !!

Heute 20:42

Döp döp döp! Tell me the price!

Heute 21:01

Hyper hyper 100 Euro !!!

Heute 21:43

Yeah yeah yeah jaaaaa Alfi hardcore!!!!
Ist schon recht ok aber wie wäre es mit
fischigen 75 Euro? Yeah yeah jaaaa

Heute 22:10

Yeeeeeeaaaaah ah okay !!!!
100 letzte preis ! 100 letzte preis ! Hyper
Hyper !

Heute 22:12

02. Oktober

Person mit dem Nachnamen "Tralisch"

Zu verschenken

Hey. Ich suche eine Person mit dem Nachnamen Tralisch die ich heiraten kann um endlich "Thea Tralisch" in meinem perso stehen zu haben.

03. Oktober

Ich spiele Kassierer Songs auf Blockflöte für Ihre Familienfeier

500 €

24113 Hassee-Vieburg >

Hallo,
Ich bin ein dicker alter alter Mann von eher ungepflegter Gesamterscheinung und spiele für Sie auf meiner Blockflöte Songs der beliebten Deutschmusik-Unterhaltungsgruppe "die Kassierer".
Ein Highlight für Ihre Hochzeit / Beerdigung / Betriebsfeier / Familienfeste aller Art!
Das ist sehr gut.
Ich nehme freie Getränke und 500€ pro Auftritt (Vorkasse).
Ich garantiere Ihnen, das Ihre lieben Familenmitglieder sich noch lange an meinen Auftritt erinnern werden.
Ich nehme auch gerne die Reste vom Buffet mit und wohne nach dem Auftritt noch ca. eine Woche in Ihrer Garage.
Geben Sie sich einen Ruck und Engagieren Sie mich!

04. Oktober

Hallo sie sind wirklich nervig und aufdringlich.Denken sie sind die einzige die sachen bei uns kaufen ihr Paket ist unterwegs. Und kann ihnen zwar sendungsnummern geben aber da mein Mann die Namen vergessen hat drauf zuschreiben muss ich diese erstmal selbst nachprüfen.

09:27

Hallo, nervig sind Verkäufer, die Zusicherungen machen und sich dann nicht daran halten und dazu die Dreistigkeit besitzen und auf Nachfragen nicht antworten. DAS ist wirklich nervig!

09:30

Dein Paket ist unterwegs. Es gibt auch Menschen die arbeiten und nicht antworten können. Sie sind einfach nur penetrant und dreist mehr sind sie nicht . Sowas wie sie möchte ich an ihnen nicht mehr verkaufen. Sie sind der Grund warum viele Menschen nichts mehr kaufen. Einen schönem Tag noch viel Spaß mit dem fellsitz hoffe sie haben Freude daran mit ihren fetten rasch.

09:40

05. Oktober

Mixer russell Hiobsboten

30 € VB Versand möglich

36214 Nentershausen

06. Oktober

Hallo, würden Sie für 850€ verkaufen?

Heute 10:48

Hallo,
Wollen wir uns bei 880 treffen? Dann setzen sie 30€ drauf und ich geh 40€ runter ☺️

Liebe Grüße

Heute 10:51

Ich meine es ernst, verkaufen Sie für 850€?

Heute 10:52

Das meine ich auch ernst. Bei 880 kommen wir uns beide etwas entgegen und treffen uns in der Mitte

Das Angebot kann ich Ihnen gerne machen, sie können es sich ja überlegen ☺️

Heute 10:53

geh, fick dich

Heute 10:53

Okay mache ich :) schönen Tag noch :)

Heute 10:54

07. Oktober

Hallo,
sind die Sandalen noch vorrätig? Und wenn ja, ist es eine reguläre 40? Und die Höhe des Absatzes bräuchte ich bitte auch noch (auf den Fotos nicht ersichtlich).
Vielen Dank und freundliche Grüße
Sabine

So. 11.09.22

Stell deine blöden Fragen anderswo !

Gestern 06:32

08. Oktober

Bobika fahrbereit

10 € Versand möglich

09. Oktober

Hallo ich will die Playstation. Gib die Playstation sofort!!!

17:04

Guten Tag. Soll das etwa ein Überfall sein?

17:11

Ja

17:12

Ok

17:13

10. Oktober

Hi würde dir 10€ anbieten lg

Gestern 21:38

Für 15€ können sie den gerne haben

Gestern 21:39

10€ oder garnicht

Gestern 21:39

Dann gar nichts für sie 😉

Gestern 21:40

Behalt dein scheiss kühlschrank und back
dir ein kuchen

Gestern 21:45

Wenigstens kann ich den Kuchen danach
kühlen und du nicht 😉😉

Heute 00:37

Hahhhahhhahahahahahhaahahahahahaha
idiot

Heute 00:38

11. Oktober

Hallo ist der Tisch noch verfügbar?

Heute 19:03

Hallo, ja ist er

Heute 19:05

Was geht preislich ??mfg

Heute 19:05

Nicht mehr viel, bin schon sehr runter mit dem Preis

Heute 19:07

Ja dann schreiben Sie halt nicht vb!!!sowas kotz mich richtig an echt !!nichts gegen sie persönlich

Heute 19:08

Ich bin von 350 auf 270 Euro runter, biete ihnen 260 an

Für Tisch mit Stühlen

Heute 19:10

Nein danke ich hasse solche Zahlen wie 270 oder 260 !!viel Glück noch

Heute 19:11

12. Oktober

Mein Vater heißt
Klaus und meine

Muttermonika

1 € Versand möglich

13. Oktober

Hallo,
ich wäre Interessiert.
Versenden Sie auch?
Ich würde per Paypal zahlen, jedoch nur mit Käuferschutz, jedoch gegeben falls die Gebühr übernehmen.
Mit freundlichen Grüßen

Gestern 19:56

Ja

Gestern 23:02

Wenn Sie mir dann Ihre PayPal Adresse geben würden könnte ich bezahlen.

Gestern 23:38

Einfach so ohne verhandeln

Heute 00:13

Ja, wenn Sie wollen Zahle ich auch nur 50 Euro :D

Heute 00:47

Wirkt nur verdächtig bin vorsichtig bei Kleinanzeigen

Heute 00:49

Sie haben doch nicht Verhandungsbasis geschrieben. Aber wenn Sie wollen:

Was letzter Preis?

Heute 00:51

14. Oktober

Hallo ich interessiere mich für die Couch.
Wie sind denn hier die Maße?
Liebe Grüße, Marie

Gestern 10:25

Hab leider kein Maßband aber
mein Kollege ist 1,90

Gestern 17:29

Okay Dankeschön 😂☺️

15. Oktober

Hallo!
Möchte gern das Handy meiner Frau verkaufen.
Grund? Sie geht sowieso nie ran.
Egal was du hast, ruf sie an und sie wird NIE NIE NIEMALS an das Telefon gehen!

Das Handy hat, da es nie benutzt wird, ein quasi Neuwertiges Mikrofon. Ab und zu schaut sie drauf und schreibt Whatsapp Nachrichten. Aber nie wenn du es brauchst!

Schlüssel vergessen und du kommst nicht in die Wohnung, sie sollte was mit bringen aus der Stadt, egal was: Wird nichts. Der Anruf wird nicht entgegen genommen.
Aufgrund dessen wird es verkauft als "Gegenstand mit wenigen Gebrauchsspuren".

Grüße

16. Oktober

Hallo können sie die evt noch tragen
wenn ich deutlich mehr zahk

13:45

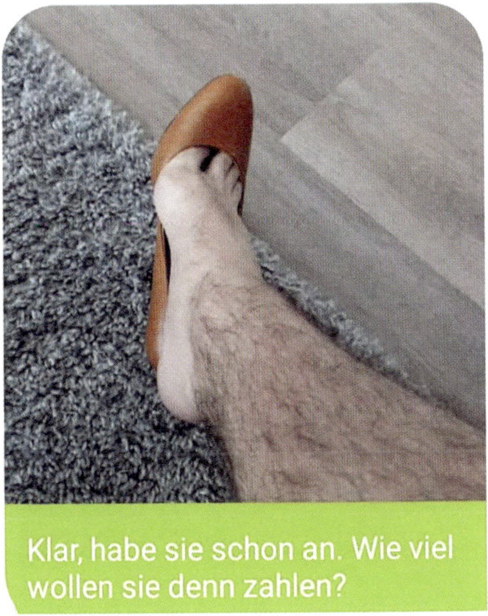

Klar, habe sie schon an. Wie viel
wollen sie denn zahlen?

17. Oktober

Guten Tag :D

Für 230 würde ich beide nehmen :D

Mfg

19:13

Das erscheint mir etwas niedrig :D

20:10

Das entspricht ca 46 Döner mit Käse :D
das ist doch eine Menge :D

20:12

Ich hätte aber lieber 57 Döner mit
Käse :D Inkl. Versand!

20:15

Versand brauch ich nicht, hole ab und zahle cash. 57 Döner sind mir zu viel. Mein letztes Angebot sind glatte 50 Döner mit Käse.

18. Oktober

Hallo ich habe interesse an dem Rad. Sind 70 Euro in Ordnung?

20:04

Unsere Schmerzgrenze ist 150€

20:11

100 Euro und eine Packung Ibuprofen für die Schmerzen

20:12

🖕

20:15

19. Oktober

Hey habe ich richtig gesehen Laptop
Tasche zu verschenken ?

15:35

Ja, an sich schon... ich würde mich über einen kleinen Geldbetrag freuen, aber den Betrag würde man selbst bestimmen können. :)

15:37

Ok

15:39

Hast du Interesse?

15:45

Joa schon

15:46

Aber? ^^

15:48

Muss zu erst ein Laptop kaufen

20. Oktober

Staubsauger inkl. große Spinne!

10 €

09224 Mittelbach >

Art	Staubsauger
Versand	Nur Abholung

Verkaufe meinen voll funktionstüchtigen Staubsauger!
Leider habe ich damit eine sehr große Spinne aufgesaugt und deshalb das Rohr vorne mit Panzertape zugeklebt.
Ich habe extreme Angst vor Spinnen... daher kann ich ihn vor Verkauf auch nicht leeren. Tut mir Leid.
Zur Zeit steht er in meinem Arbeitszimmer was ich zweifach verschlossen habe und mit 3 Sperrholzplatten verschraubt wurde.
Abholung bitte so schnell wie möglich, damit ich wieder an meinen Computer kann...der ebenfalls im Arbeitszimmer steht.
Die Polizei hatte ich auch schon angerufen. Die sind mit dem SEK angerückt.
Wo sie angekommen sind habe ich eine Anzeige bekommen wegen Amtsmissbrauch.
Keine Ahnung was das Problem war.

Hallo!

Welche ein Sevice !
Ich melde mich, wenn die Sendung eingetroffen ist.
Gruß, [redacted]

Gestern 19:11

Sehr geehrter Herr [redacted]

Das Paket ist heute angekommen und ich bin begeistert über die Menge und Vielfalt der Bauteile.

Obwohl ich schon 78 Jahre alt bin, bastele ich viel. Hier sind mir Ihre Baukästen sehr willkommen !

So haben Sie eine wirklich große Tat vollbracht!

Mit freundlichem Gruß
[redacted], Rentner im Unruhestand

Heute 14:39

Hallo Herr [redacted]
ich freue mich, dass ich Ihnen mit den Baukästen eine Freude machen konnte. Viel Spaß beim basteln und bauen.
Mit freundlichen Grüßen
[redacted] :)

22. Oktober

Guten Tag, würde die Karten nehmen.
Zahle Höchstpreise.

Heute 11:02

Ich hab keine Karten, suche selbst. Steht auch so in der Anzeige

Heute 11:07

Ja du suchst Abnehmer für die Karten.
Ich würd sie sofort nehmen. Zahle 180 € pro Karte

Heute 11:09

Nein ich suche Karten weil ich keine habe und gerne hingehen will.

Heute 11:10

Wenn du welche findest darf ich dann mitkommen?

Heute 11:11

Na klar

Heute 11:12

23. Oktober

Sehr cool vielen dank

Heute, 10:29

Schon unterwegs.

Bild laden

Heute, 11:02

wow, das ging schnell, vielen dank!

Heute, 11:14

Meine Frau sagt mir das auch immer wieder. 😊

Heute, 13:02

24. Oktober

Ich würde sie gerne mal probieren wegen der Größe, wenn das möglich wäre? Wann und wo?

Heute 18:19

Klar, kein Problem. Wann passt es? Kann täglich ab 18/19 Uhr, hier in der Maxvorstadt

Heute 18:25

nein, leider doch nicht, ich ziehe meine Anfrage zurück, meine Frau sagt, die sind zu schmal für meine Bauernfüsse, sorry

Heute 18:30

25. Oktober

Hallo, ja der Ponyhof ist noch da

Di. 26.02.19

Würde ihn für 25 Euro jetzt sofort abholen wäre das ok

Di. 26.02.19

Für 32€ können Sie ihn sofort abholen.

Di. 26.02.19

30

Di. 26.02.19

33

Di. 26.02.19

32

Di. 26.02.19

Wo müsste ich hin

26. Oktober

Netflix auf Ehre

21073 Harburg >

Ich suche jemanden der auf Ehre sein NETFLIX mit mir teilen würde dagegen biete ich schutz an ich bin 16 Jahre1,92 groß und gehe zum boxen ich kann auch bei Spaziergängen begleiten

Heute, 22:33 18

27. Oktober

Guten Tag wo genau wäre das in [redacted]

Kommen vo[redacted]

Mo. 22.04.19

Hallo, komme aus [redacted] Die Sachen sind aber bis morgen Abend reserviert. Wenn sie morgen nicht geholt werden, sage ich Ihnen gerne bescheid

Mo. 22.04.19

würde dann mit dem fahrrad kommen

Di. 23.04.19

Wie wollen Sie denn 2 Autositze mit dem Fahrrad transportieren?

Di. 23.04.19

einzeln auf dem gepäckträger

Di. 23.04.19

28. Oktober

Hi
Wüden sie den Stuhl für 5.-€
Verkaufen?
Vielen herzlichen Dank
[redacted]

Gestern 21:29

Hallo [redacted], Nein leider nicht das Geld ist für meine Jungs. Nach der Trennung, brauchen sie ein neues Zimmer da das jetzige viel kleiner ist. Bitte haben sie dafür Verständnis. Liebe Grüße [redacted]

Heute 19:06

Ohh je ich bin Singl

Heute 19:07

Möchtest du es mit mir versuchen

Heute 19:07

Ich suche auch eine Frau momentan

Heute 19:08

29. Oktober

Noch zu haben ?

Di. 12.03.19

Nochmal lesen bitte

Heute 20:22

Blablabla

Heute 21:33

😂😂 ich wünsche dir dass Dir beim Hände waschen die Ärmel runterrutschen

Heute 22:10

Ich wünsch dir das du dir beim Sack rasieren in die Hoden schneidest

Heute 23:37

30. Oktober

Ponscho für holowon

VB Versand möglich

31. Oktober

Gitarren Unterricht

28277 Kattenturm >

Gestern, 21:32 34

Hallo ich biete Gitarrenunterricht an, kann selber keine Gitarre spielen und lasse YouTube laufen. Sie müssen sich dann hinsetzen und sich konzentrieren. Ich werde sie dabei beobachten.

Preise: 45 min 50€
90 min 100€

01. November

Hallo guten Abend, so ein Auto ist kein schlechtes Auto. Sehr wendig und gut für die Stadt. Ist schon länger her da bin mal in so einen Wagen mitgefahren war eine gutes Fahrgefühl und war angenehm. Auch vom Sitzen war es sehr gut. Aber für meine Zwecke leider kein passendes Auto. Kaufinteresse besteht daher nicht. Möchte diese nur erwähnen. Wünsche Ihnen aber einen guten und Erfolgreichen Verkauf. Schöne Woche und bleiben Sie Gesund.

Heute 22:45

Wünsche Ihnen dann noch ein schönen Abend und einen entspannten Wochenstart. Guten Verkauf weiterhin hier.
Alles gute weiterhin auf den Lebenswegen und viel Gesundheit.

Heute 22:51

02. November

Der Hase und der Igor

9 € Versand möglich

03. November

Hallo guten Tag, ich habe Interesse an der Wohnung wäre es Möglich die Wohnung zu besichtigen ? Wenn ja bitte ich um einen Rück Nachricht, Lg:)

Heute 15:28

Guten Tag,
aufgrund der hohen Nachfrage kann ich Ihnen leider keine Besichtigung anbieten.
Liebe Grüße
Anna

Heute 15:49

Okey dann nehme ich die Wohnung

Heute 15:59

04. November

Was wäre denn deine schmerzgrenze ?

Dann schauen wir, ob wir was passendes finden :)

Heute 00:02

Die Ibanez gefählt mir. Hatte Mal eine gespielt
und war Super.
150 für die Ibanez??.
Wie gesagt will nicht frech sein

Heute 00:04

Also ich finde da sie neu 300+ kostet und noch in top zustand ist möchte ich eiiigentlich nicht unter 200 gehen..
Für 190€ würde ich sie noch hergeben

Heute 00:05

OK. Ich frag morgen nach und schreib dir dann
OK.

Heute 00:06

Alles klar bis morgen ☺️

Heute 00:07

Ich bete das der Herr dir heute im Traum sagt
die Gitarre für 160 zu verkaufen.

Heute 00:09

05. November

**Rosen sind rot,
ich bin ein komplexer Mann,
bin zwar nicht religiös aber:**

Ich bete Alexa an

30 €

06. November

Hey, du hast zwar die Fragen schon schnell beantwortet aber aufgrund des niedrigen Batteriezustands seh ich die 150€ nicht. Ich würde 125 bieten

Heute 08:57

Ich sehe dich als Käufer nicht

Heute 08:58

Du musst dein persönliches Problem mit dir selber erstmal aus der Welt schaffen bevor du ins Internet gehst. Man merkt dir an wie streng du mit deinen eigenen Handlungen bist und wie satt du von allem bist und keine Sympathie mehr besitzt.. Aua.

Heute 08:59

07. November

Stein mit Steckdose

150 € VB Versand möglich

vor 3 Tagen 41

Verkaufe hier ein Stein mit eingebauter Steckdose.

Einfach ein paar Klemmen dran und fertig.

08. November

Hallo ich habe interesse auf ihre wohnung wir sin zu dritt

13:51

Guten Tag,

Leider ist die Wohnung sehr klein und wird daher nur an einzelne Personen vermietet.

Viel Erfolg bei der Suche nach einer geeigneten Wohnung.

Mit freundlichen Grüßen
[redacted]

13:56

Hallo ich bin einzelperson und suche dringend eine wohnung

09. November

Hey ist das nices Sofa noch to haven?

Heute, 14:44

Greets Max, leider ist das nice Sofa already weg. Ich habe just vergessen die Anzeige zu deleten. Ich hoffe du findest noch eine andere nice Sitzpossibility um deine Base zu chillen.

Heute, 14:56

Huger Scheiss dass es getaked worden ist. Danke für deine answer und nicen success dir noch im eBay-smallscreen game

Heute, 15:03

10. November

Moin habe Ihre Anzeige gesehen und wollte mal fragen ob alles in Ordnung ist

Heute 09:43

Hab mich grade von meiner Freundin getrennt aber sonst ist alles in Ordnung und bei dir ?

Heute 09:44

11. November

29%

Saug Robert

90 €

12. November

Ist schon Geld drinne?

Heute 10:16

Nein

Heute 10:16

Dann brauche ich das nicht.

Heute 10:17

13. November

geht an?

Heute 10:13

Hallo, das ist eine Statue ohne LED oder sonstiges. Man kann diese nicht einschalten, falls Sie aber wissen möchten ob die Statue kaputt ist, nein ist Sie nicht, da nie verwendet.

Gruß

Heute 10:14

hallo, ja aber kann man anmachen oder nischt

Heute 10:14

Es ist eine Statue ohne LED, Musik effekt oder sonstiges. Man kann da nichts einschalten!

Heute 10:15

oke gut

Heute 10:15

Okay, also möchten Sie die kaufen?

Heute 10:15

ne wenn kaputt is dann nicht

14. November

Rosen sind rot,
betrunken kotze ich vom Hocker,
ich mache das wieder sauber nennt mich:

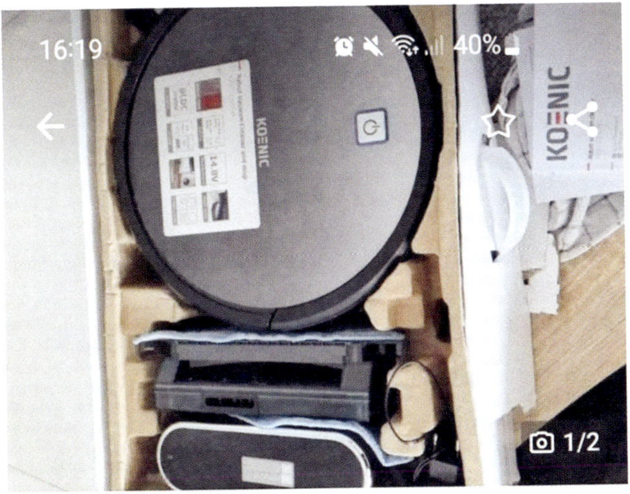

Sauf und wischroboter

100 € Nur Abholung

15. November

moin, könnte ich die Switch heute abholen ?
LG Gerrit

Heute 21:12

Hallo, wann könnten sie denn da sein?

Heute 21:14

Um halb 11 könnte ich da sein

Heute 21:18

Reden wir noch von heute oder morgen? Nur zur Sicherheit 😂

Heute 21:18

Hat sich erledigt, bin insolvent gegangen.
Entschuldigung

Heute 21:19

Das ging ja schnell.

Dann noch einen schönen Abend.

Heute 21:19

16. November

perfekt danke, dann komme ich um 15:00

Sa. 01.04.23

Ok

Bis mprgen

Sa. 01.04.23

Wo bist du, Kollegah? Warum lügst du so?

Sa. 01.04.23

wir haben doch Sonntag 15:00 gesagt

Sa. 01.04.23

Tschuldigung tschuldigung, hab ich nicht gesehen

Sa. 01.04.23

also komme ich morgen um 15:00?

Sa. 01.04.23

Ja genau morgen, mein Papa hat sich im Chat vertan hat's

Hahah

Sa. 01.04.23

bis morgen

Sa. 01.04.23

17. November

Muss leider absagen... Melde mich. hatte
maleur

Heute 18:29

Was für ein Malheur hat man denn bitte eine
Minute bevor man da sein wollte?

Heute 18:36

ich stand vor i der Tür... Wollte meinen Roller
absetzen und da waren er mir bald entglitten...
Beim auffangen habe ich eingepullert.
Sowas passiert... Dinge geschehen

Heute 19:00

18. November

Einkaufswagen zum Rollstuhl umgebaut

76571 Gaggenau >

vor 3 Tagen 248

19. November

noch da

09:05

Ihre Nachricht konnte mangels an Höfflichkeitsform nicht Zugestellt werden.

09:08

Guten Tag, ich möchte gerne bei Ihnen erfragen ob die Farbe noch da ist und ich diese erwerben könnte. Ich entschuldige meinen etwas schroff geschriebenenes Vokabular und bitte um Ihre Rückantwort.

Mit ganz freundlichen Grüßen

11:33

20. November

Währen sie für 20 einverstanden

Heute 10:06

Hallo,
40€ wollte ich schon noch dafür haben
😊

Heute 13:06

Ich biete aber 20

Heute 16:09

Es juckt mich nicht was du willst

Heute 16:09

21. November

hey

Ich holse ab

Heute 19:57

Top. Heute?

Heute 20:22

Jetzt zu besoffen

Heute 20:38

22. November

Guten Abend!
Ich hätte Interesse an dem Wälzer, müsste aber wissen, ob in diesem Buch jemand ums Leben kommt. Ich möchte dieses Buch gerne meiner Katze vorlesen. Sie ist ein großer Thriller Fan aber sie kann es nicht haben, wenn jemand stirbt.

Mit freundlichen Grüßen,

[redacted]

20:04, 09.02.2023

23. November

Hallo.... Der Preis ist zu hoch. Würde mit 5 tausend Euro einsteigen.

Mi. 25.01.23

Hallo.... Wer bist du dass du entscheidest ob der Preis angebracht ist oder nicht

Mi. 25.01.23

Ich bin Dieter Bohlen für Autos

Mi. 25.01.23

Euere Gemeinsamkeit ist wahrscheinlich, dass ihr beide nervige Witzfiguren seid oder?

Mi. 25.01.23

Das könnte es sein 😎😂

Mi. 25.01.23

Für 5 Riesen würde ich mir die Möhre mal anschauen

Heute 19:19

Für 5 Riesen kannst du dir meine Möhre mal anschauen

Heute 19:59

24. November

SELTEN Pringles Sammler Sammlerchip mit Knick

50 € VB + Versand ab 5,49 €

22765 Hamburg Ottensen

25. November

Hallo guten Tag ich hätte Interesse an Ihrem Schreibtisch. Ist der Drucker im Preis mit drin? Mfg

Heute 13:36

😂

Ne

Heute 13:40

Aber auf das Bild ist ein Drucker zu sehen. In der Beschreibung steht nichts drin das der nicht dabei ist.

Heute 13:43

Es geht auch nicht um den Drucker.

Heute 13:44

Das ist aber mit auf dem Bild. Ich kauf es nur mit Drucker.!! Ich werde sie bei ebaykleinanzeigen melden das sie die Sachen nicht so verkaufen wie abgebildet!

Heute 13:49

Ok. 😂😂😂

26. November

Zum verschenken

Braucht jemand einen gut erhaltenen Kühlschrank

27. November

Kann ich machen. Ich schick dir dann die Sendungsnummer

18:05

Ok danke Bruder

Guckst du auch spiel Graf ?

Grad

18:06

Hab's ein bissi gesehen. Kolos Elfer war zu wild

19:26

Bruder ich hab geweint

Noch nie so glücklich

Ich liebe dich und alle Menschen aller Zeiten

28. November

Huhu.

Der Stuhl ist noch zu haben?

LG [redacted]

11:57

Ja ist noch da

12:04

Wie viel Rabatt geben sie denn am Black Friday?

12:06

Gar keinen....
Das ist ein Festpreis.

12:34

Ihnen ist klar, dass sie am Black Friday als Gewerblicher Verkäufer VERPFLICHTET sind ihren Kunden einen Rabatt zu gewähren. Jeder macht das außer ihnen. Mit 40% Rabatt wäre ich einverstanden.

12:40

Heute ist wirklich BLACK Friday, denn für Ihr Angebot sehe ich leider schwarz.

12:42

Wie können sie es wagen!!!!

29. November

Komplette Brockhaus Enzyklopädie

VB

17139 Malchin >

Art Sachbücher

Verkaufe komplette Brockhaus Enzyklopädie. Ich habe geheiratet und die Alte weiß eh immer alles besser.

30. November

Guten Tag!

Ich wollte sie kurz auf ihre Überschrift aufmerksam machen. Da steht Herrenkacke
🙈🙈

Viele Grüße

13:21

🤣🤣🤣🤣🤣🤣🤣🤣

Oh mein Gott vielen Dank!!!

13:30

01. Dezember

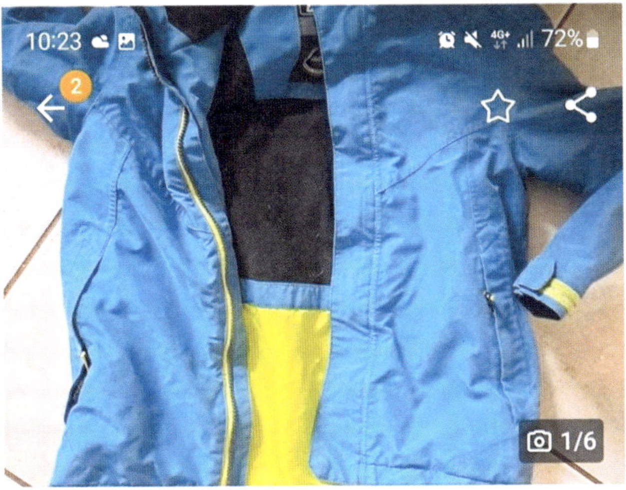

Winterkacke von Killtec

15 € Versand möglich

02. Dezember

1 Fettes Pferd

10369 Lichtenberg >

Heute, 07:46 35

Verschenke(gegen aufpreis) oder Tausche 1 Fettes Pferd gegen ein auto da ich im Winter eine warmes Auto haben will.

Rasse und alter kann ich nicht sagen.

Hat ca. 1 bis sogar 2 PS weil es so fett ist.

Es hört auf den Namen "Fetter Ferdinand" und es schwitzt viel.

Rücktausch im Winter möglich.

03. Dezember

Hauptschulabschluss zu verschenken

77971 Kippenheim >

04. Dezember

IKEA Spiegel

15 €

05. Dezember

Grinch-Aktion

100 €

65197 Wiesbaden

Heute, 11:25 108

Beschreibung

Ich verkleide mich für 100€ als Grinch und komme zu dir nach Hause und schmeiße deinen Tannenbaum wutentbrannt aus dem Fenster, wenn sich deine Kinder an den Festtagen oder in der Adventszeit nicht benehmen. Weitere Ausraster-Optionen auf Anfrage.

06. Dezember

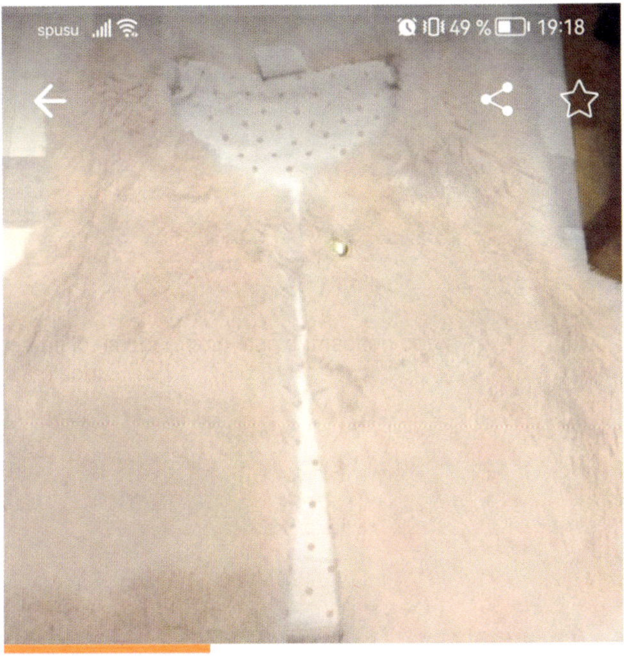

Kleinkind Filet 1- 2 Jahre

zu verschenken

07. Dezember

10€ kommen holen heute
ist Weinachten, Frohe
Weihnachten.

Heute, 13:40

Nein, danke.

Heute, 13:53

Schlechten Rutsch,und
hässliche Weinachten, bitte.

Heute, 17:15

😆😆😆😆😆👍

Heute, 17:17

08. Dezember

55 ich muss auch ein Fahrer bezahlen ...

Ich würde sie heut holen

17:23

Nein. Ich muss ja auch Porto bezahlen, wenn ich das bestelle. Oder wohin fahren, wenn ich was abhole.
Die 70€ waren schon mehr als günstig.

So eilig ist das nicht

17:24

Hm verstehe ich schon .... Mache wir 60€ und ich würde sie nehmen ?

17:25

Nein.

17:25

65€ ich komm morgen vorbei

21:57

Nö. Wer so rumgeiert, bekommt nix von mir. Schon gar keine Lebewesen.

22:02

Alda du votz

22:03

09. Dezember

Gemüsescheider/ Holger

5 € + Versand ab 5,49 €

10. Dezember

Hi
Für 25 Euro hol ich den gleich ab.

20:01

Hallo ?

Ist wirklich dringend

Hab nur bis viertel nach Zeit dann läuft Tatort

20:04

ARD Mediathek 😂

20:09

Das hab ich nicht

Wo ist das ?

20:10

11. Dezember

Guten Tag,
könnten sie mir bitte ein Bild der Edelstahlarmbänder schicken, welche 20mm breit sind?
Vielen Dank und viele Grüße
[redacted]

14:36, 13.02.2023

Alkes was du da siehst kostet 85 Euro hast du verstanden alles nochmal alles 84 Euro wenn ich jetzt extra nach Deutschland fliegen wollte um dir 20mm zu fotografieren dann überweis mir vorab 6000 Euro du Clown und jetzt lass mich in Ruhe bei 80 Euro Armbänder für weit über 1000 Euro da will er auch noch Extrawünsche und die Anstöße machst du das im Puff auch. Bestimmt du Trockenraucher

14:50, 13.02.2023

12. Dezember

Hundekorb Stoff und Plüsch

15 € Nur Abholung

[redacted]

04. Feb. 45

Art Hunde

Es handelt sich um ein neuwertiges Hundekörbchen für kleine Russen.

13. Dezember

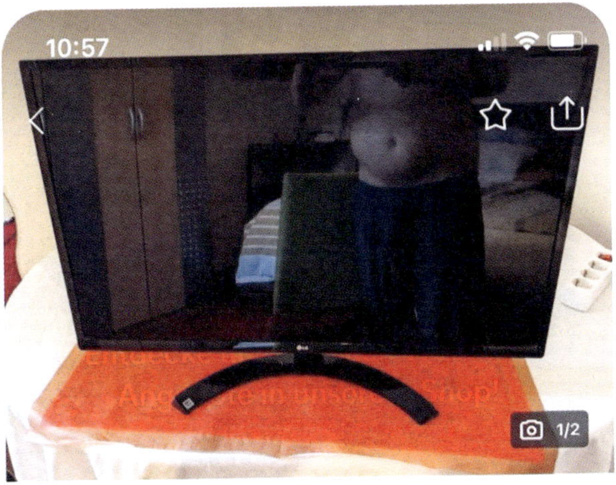

32 Zoll LG Led Monitor Ultra dünn Full HD Topzustand

69 € Nur Abholung

14. Dezember

Und woher hast du die Adresse?

Heute 14:10

Impressum

Heute 14:10

Du bist zwar ein 🦊 aber im Lager ist heute trotzdem keiner mehr

Heute 14:13

Was nennst du mich hund ??

Heute 14:15

Das ist ein Fuchs. Wie dem auch sei, es ist niemand da und für 10€ verkaufe ich auch nicht.

Heute 14:17

Mach mich nicht nass bro

Bin extra 30 min gefahren jetzt komm schon

Heute 14:18

Nächstes mal am besten erst fragen und dann losfahren, soll helfen

Heute 14:21

Du schmogg erstik an den Gläsern

Heute 14:29

15. Dezember

Frage hattet ihr Interesse an zwei mini pigs
für 70 Euro mit Lieferung 90

Do. 26.01.23

Hallo, nein leider nicht.

Do. 26.01.23

moin hatte noch 2 minischweine abzugeben
interesse beide für 125 euro abzugeben

Heute 13:06

😃 sind sie teurer geworden?

Heute 13:08

Ja weil mir zu viele schreiben deswegen
setzte ich dem preis höher an

Heute 13:09

Aber wir möchten die Schweine wirklich
nicht haben

Heute 13:09

Ok schade gut dan mal schauen ob sie
jemand nimmt nächsten freitag ist termin
beim schlachter

Heute 13:10

16. Dezember

Für 135 für beide haben wir einen Deal

Heute 10:02

Werde ich nicht machen, viel Erfolg bei der weiteren Suche :)
Schönes Wochenende

Heute 11:54

Echsenmensch

Heute 12:08

17. Dezember

Hey, ich hätte eine frage

10:43

Ja?

10:44

Ok ich hatte eigentlich eine allgemeine frage also sorry dass das keine frage zu dem Produkt ist, ich hoffe sie sind mir jetzt nicht böse. und zwar geht es um folgendes: Ich bin momentan auf der suche nach Milchzähnen die ich für ein Kunstprojekt brauche, und wollte sie daher fragen ob sie zufälligerweise Zähne haben, die sie mir verkaufen könnten. Ich weiß das diese Anfrage sehr skurril ist, aber sie können sich bestimmt vorstellen das es sehr sehr schwer ist an so etwas spezielles wie Milchzähne zu kommen. Und momentan bleibt mir nichts anderes übrig als rumzufragen 🙈. Ich freue mich auf ihre Antwort 😄
MFG

10:44

18. Dezember

Rosen sind rot,
Englisch lerne ich später,
so lange benutze ich einfach meinen:

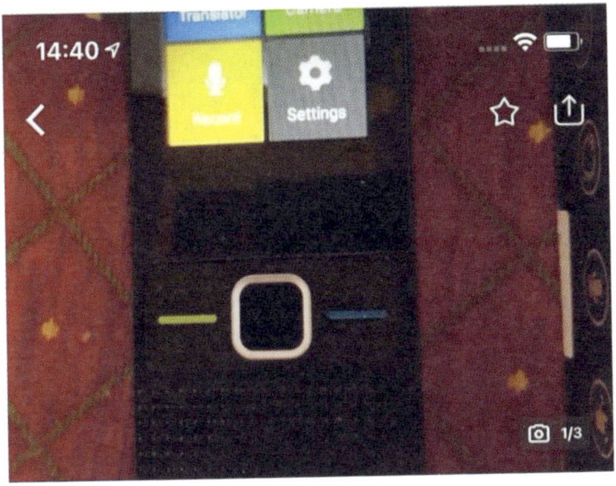

Dransläter

35 €

19. Dezember

Ok

Heute 18:52

Entschuldigung, ist das eine Teekanne oder ein Mülleimer?

Heute 18:55

Es sind Kerzenhalter.

Heute 18:56

Wenn es um Tee geht, brauche ich Ihnen nicht viel zu danken

Heute 18:57

Es tut mir leid, ich bin zehn Lager, ich dachte, es wäre ein schmutziger Eimer

Dank

Heute 18:58

It's for little candles.

Okay

Heute 19:00

Ich brauche mich nicht zu bedanken

Dank

20. Dezember

Soory das ich jetzt erst antworte habe gerade viel zu tun mit meiner handy Nummer gebe ich nicht gerne weiter schlechte Erfahrungen damit gehabt erstmal bitte uber mail schreiben. Mit dem sitzen die sehen gut aus aber du hast ja noch die original sitze .

Heute 13:43

Du willst ein Auto von mir kaufen, aber willst deine Handy nummer nicht rausgeben? Klasse Vertrauensbasis.

Heute 13:47

Ich werde mich die Tage dann nochmal melden Bei dir okay

Heute 13:49

Dann lass uns das Treffen bei Sonntag belassen.
Falls du ihn tatsächlich haben möchtest - das Fahrzeug wird nur abgemeldet übergeben.

Heute 13:58

Hallo Herr steven mein Name ist Tobias sie haben gerade mit dem Herrn [redacted] geschrieben auf Ebay kleinanzeigen wegen dem Audi 80 Herr [redacted] hat gerade ein Herzinfarkt bekommen Er ist Auf der Arbeit zusammengebrochen Das sie erstmal Bescheid wissen. Er ist ins Krankenhaus gekommen werde sein Handy Ausschalten Grüß Tobias

Heute 14:48

Is richtig 😂😂😂😂😂😂😂😂😂😂

21. Dezember

Moin 190€ plus Versand wenn alles in Ordnung ist und vollständig.

Gestern 22:59

Blödmann

Heute 13:44

😂😂😂😂😂
Hättest du 60€ mehr geboten wär er deiner! Aber wegen so nem kleinen Hobel muss man doch nicht gleich Ausfallendwerden oder?

Heute 14:45

Häst mir am Arsch geleckt, hättet 500€ bekommen

Heute 14:47

Deiner Wortwahl nach zu urteilen bezweifle ich, dass du über so viel Geld verfügen kannst! Schönes Restleben!

Heute 14:52

22. Dezember

Hirsch-Brüste mit Norweger Pulli

7 € VB Versand möglich

23. Dezember

Weinnachs Spiel Uhr Melodie
Schlingel Bells

9 € VB

24. Dezember

Adria Adiva 502UK Mover Markise
Etagenbett 5 Personen

14.500 €

25. Dezember

Hihi Sammlung

400 € VB Nur Abholung

26. Dezember

Hallo, ich würde gerne eine Karte abkaufen.
Kann ich die morgen abholen?

Bei Fragen gerne anrufen unter [redacted]
oder schreiben.

20:30, 13.01.2023

Moin, gerne👍 eine Karte ist noch über, bis 14 Uhr bin ich zu Hause. Adresse ist: [redacted]
LG

20:47, 13.01.2023

Super danke

20:48, 13.01.2023

Hallo,
Ich muss leider absagen, mir haben die Bullen gerade meinem Führerschein weggenommen. Somit komme ich leider nicht mehr nach [redacted]

Trotzdem danke für das Angebot!

00:37, 14.01.2023

27. Dezember

Super danke bis morgen

Gestern 18:02

Perfekt bis morgen

Gestern 18:08

Bis morgen

Gestern 18:09

Kommen sie noch vorbei?

Heute 10:19

Ja Sorry hab verschlafen

Heute 10:19

Wie lange brauchen Sie ca?

Heute 10:22

Bin in 15 minuten da

Heute 10:33

Kommen Sie jetzt? Muss in 15 min los

Heute 11:13

Tut mir leid ich hab ein Kind Überfahren

Heute 11:20

28. Dezember

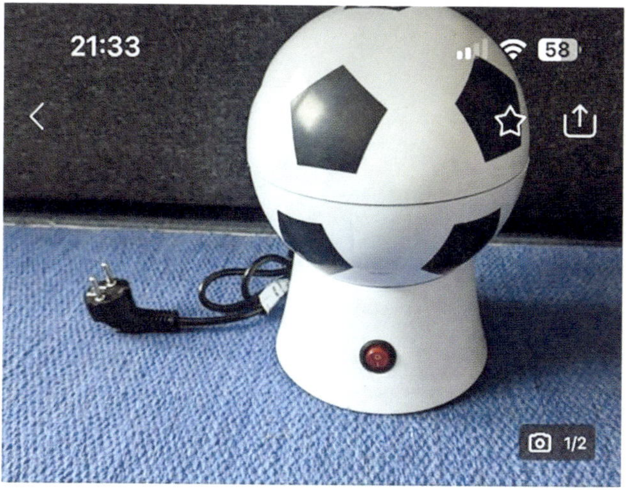

Popornmaschine Fußball

Zu verschenken Nur Abholung

35037 Marburg >

21.11.22 58

29. Dezember

Uraltes Schaukelpferd

80 €

[redacted]

Uraltes Schaukelpferd
Mähne hab ich aus den Haaren meiner Tochter dran gemacht. Es hatte keine Mähne...
Nehme gerne Angebote entgegen

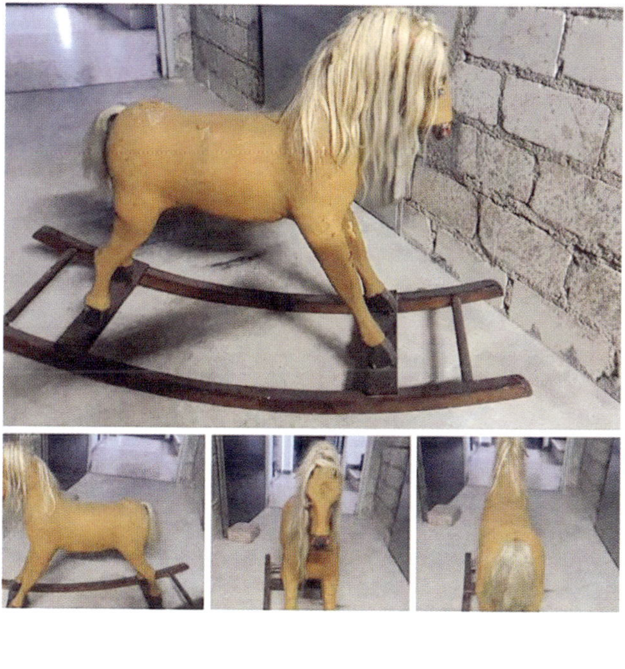

30. Dezember

Ist das was sexuelles?

17:49

Ohje 🙈😅 ja nein, in keinster Weise - wie geschrieben - ich habe eine Freundin und daher keinerlei Interesse daran! Es soll einfach eine schöne WG werden ☺️

17:51

OK schade

17:52

😂

17:53

31. Dezember

Impressum

Herausgeber:
Marcel Rolf @bestofkleinanzeigen1
Oliver Seltmann

Seltmann Publishers
Zillestraße 105a, 10585 Berlin
info@seltmannpublishers.com
www.seltmannpublishers.com

Der Inhalt des Kalenders ist ein Best-of
von Beiträgen der Instagram und Facebook Seite
@bestofkleinanzeigen1 von Marcel Rolf

Art Direktion:
Sandro Heindel, Seltmann Publishers

Gesamtproduktion:
Seltmann Printart, Lüdenscheid

ISBN 978-3-949070-33-4